股市憲哥的翻轉人生

輸在起跑點，贏在轉折點

賴憲政 著

目錄

自序   7

Part 1   千金難買少年貧

1-1   給我富爸爸，不如用心教養的好爸爸   13

1-2   脫貧的餓渴，是賺錢的動力   22

1-3   要賺錢，就要懂得「精算」   33

1-4   沒有好觀念，富有只是一種毒藥   44

Part 2   剛剛好的折磨，最有幸福感

2-1   家裡的第一台電鍋   55

2-2   感謝剝削你的人   64

2-3   沒有好學歷，唯有勤快加上記憶力   81

2-4   買股初體驗，人生也能三級跳   91

Part 3　人生起起落落，窮過苦過就不難過

3-1　從問題找到利基點　　　　　　　　　103

3-2　最弱項，也可以是人生最強項　　　　116

3-3　起伏人生，就是轉折最佳時刻　　　　130

Part 4　人生的轉折，從小事開始

4-1　人間處處是學問　　　　　　　　　　147

4-2　別被一句話綁死　　　　　　　　　　164

Part 5　穩賺不賠的人生

5-1　先存第一桶金，放長線穩穩賺　　　　179

5-2　沒錢，還能結婚生小孩嗎？　　　　　194

5-3　晚十年買車，晚五年買名牌包　　　　202

5-4　有能力，就去幫助別人　　　　　　　212

Part 6　現在，就是人生的轉折點

6-1　停止抱怨，先從失敗中學習　　　　219

6-2　職業無貴賤，態度分輸贏　　　　230

6-3　每個人最終得獨自面對人生　　　　241

自序

　　最繁華時，總是最悲涼；最光明時，總是最迷惘；最黑暗時，總是最恐慌 。近幾年來社會彌漫著一股躁動不安的恐慌氛圍，焦慮、無奈、忿怒、失望的情緒，慢慢在每個人的心裡滋長，尤其年輕人的感受更深，擔心恐懼、坐立難安的緊張心情，就是對目前狀態沒有安全感，對未來前途不確定的一種愁緒。

　　不少年輕人身陷迷惘之中，對大學教育的迷惘：感到所學無用，找不到工作。對前途的迷惘：就業的壓力，僵固的薪水，使很多年輕人對前途充滿疑惑。這種迷惘像傳染病一樣，正慢慢侵蝕、滲透、漫延、擴散到各個階層。

年輕人如何撥亂反正走出迷障，找回信心、重返榮耀，是
當前最重要的課題。

　　面對瞬息萬變的大時代，「唯一不變的就是變」、順
應潮流而「變」，是年輕人追求夢想的不變之道。俗話
說： 觀念那好，您就吃好做輕巧。觀念那歹，您就一世
人騎摩托車。觀念那改，您就賓士牽返來駛 。山不轉路
轉，路不轉人轉，人不轉心轉，心不轉念轉。千變萬變不
如自己改變，千點萬點不如貴人提點。

　　學歷只是銅牌，能力是銀牌，人脈是金牌，創意才是
王牌。改變新思維，才能開創大格局；唯有用正面思考能
量，才能走出陰霾贏得先機！成功模式可以複製，但為什
麼看一百本偉人傳記，還是無法成為偉人？因為時空背
景、環境因素不同，每個人的因緣際會不同，必需體悟人
生：成功一定要努力但努力不一定會成功，所以： 一切

千金難買少年貧

1-1
給我富爸爸，
不如用心教養的好爸爸

　　大部分的人都想要有個富爸爸，一生下來就不愁吃穿、安逸過日，不用辛苦打拚；有富爸爸當然很好，但是這句話只對了一半。

　　我是個典型「輸在起跑點」的人。我在嘉義的窮人家長大，我到初一（也就是現在的七年級中學生）家中才有電燈，二十二歲和家人買下第一間房子，才第一次使用抽水馬桶。我唸書時最稱頭的衣服莫過於制服，平常都穿別人不要的舊衣，不像鄉長兒子的制服永遠都是燙得挺挺的，還有漂亮的線條。青澀的歲月裡，我不用跟別人比，

就知道自己家窮、窮到鬼都怕，是自卑、壓抑、懦弱的歲
月。

　　窮久了，自然留下成長的創傷。父親做生意失敗那段
期間，我在家門口看到姑婆，大聲叫她，她卻置若罔聞，
直到我意會到才住口不再喊她──她其實裝作沒聽到，根
本不想跟我打招呼，怕我們跟她借錢，住口的那一剎那，
心是冷的。未成年的我對別人的一舉一動，甚至不經意的
眼神都很敏感：他是否話中有話？暗示些什麼？這些親戚
瞧不起我們家嗎？就因為我們窮？

　　長大後，我慢慢瞭解「有錢人也怕窮親戚」這種未必
排斥窮人，但希望保持距離的微妙心理，也體悟到如廣告
所說：科技始終來自人性，**但其實這世間萬物，什麼都是
來自人性！參透人性，就能掌握宇宙萬物運行的智慧，無
入而不自得。**

　　從我學會謀生、投資，決定成家、娶妻生子的過程，因為有家人的愛與關懷，讓我不再自卑脆弱，還練就了樂觀甚至有點阿Q的自己。回頭看看那個曾經幼小受傷的種種，就像是成長必經的疤痕，已經不痛了。

　　我甚至慶幸我沒有富爸媽，但有好觀念的父母，逼使我在未成年時學會飢渴，一輩子都充滿鑿井的驅動力，卻不會因為金錢的誘惑而誤入歧途。既然我曾經一無所有，人生只要有機會能賺錢，就是多賺到的，最糟的時刻已經渡過，日後再大的挑戰，也有勇氣能撐下去。

　　如果你這輩子曾經被錢傷害過、羞辱過，千萬別覺得命運很卑賤，**貧窮並不可怕，可怕的是因為貧窮而失去尊嚴**。相反地，當你已練就支撐你不斷賺錢和理財的力量，反而要小心不要變成錢奴，否則就是生命中的二度傷害。

人性教我要愛錢，父母教我要愛己

我父親是個孝順的長子，卻有點愚孝，所賺來的每一塊錢都給了我阿公；父親對阿公很恭敬但嘴巴不甜，兩人只有冰冷的互動。我小時候就懂得察言觀色，因為我從父親身上明白一件事——不懂說話技巧的人注定要吃虧，即使跟家人相處也會困難，何況是作生意？再加上我母親結婚時沒有帶嫁妝來，祖父母對此很感冒，所以我父母兩人都得不到上一輩的喜愛，更不要說我了，雖然傳統上「父母疼尾子，公嬤疼大孫」，但是我並沒有享受過祖父母「疼子連孫，疼花連盆」的寵愛。

當時經濟都控制在長輩手裡，一家之主的大權於是旁落給上一代。我弟弟四個月大時發燒需要看醫生，祖父母認為這沒什麼，給嬰孩喝喝符水就好，沒想到拖了好幾天導致肺炎，當時醫療不發達，肺炎是非常嚴重的疾病，

要跟死神拔河。為了看醫生，母親抱著弟弟走了八公里的
路，其中一段更要走過近百公尺的鐵橋，那座鐵橋的橋面
每階板塊的縫隙很寬，對身高只有一百四十八公分的母親
而言，每跨出一步都極為艱難，橋下是滾滾的湍急溪水，
但是孩子的哭聲在耳邊揮之不去，她只好咬著牙一步步地
跳過了。

　　然而，弟弟吃完藥抱回來情況仍不樂觀，父母把他抱
出去想要去看醫生，但是不久後就返家，手上卻是空的，後
來才知道他們沒有把弟弟抱進屋裡，而是抱到雞寮去放著。

　　那個晚上，襁褓中的弟弟過世了。傳統習俗規定小孩
身亡是違逆天理不能進家門，所以返家前只好把他冰冷的身
軀暫放在雞寮。最讓父母痛徹心扉的是，到了這一刻，祖父
母居然還不願意花錢包個紅包，請別人代為埋葬，而是兩
個老人家拿著鋤頭在家附近挖個坑洞，草草埋了我弟弟。

　　這件不幸成為母親心中永遠的憾恨，弟弟原本可能有機會醫治，卻因為家庭貧窮與長輩吝嗇無法善終。母親的痛也是我的痛，是我努力賺錢，想要回饋父母的動力來源。

　　這件傷痛結束後，父親終於和祖父母決裂要分家，祖父只掏出三百元給父親，相較於父親過去八年來一肩扛起家計，卻只換來十天的工資養妻小，真是無語問蒼天。在一個不幸福的家庭中，親情的天秤往往秤出寒涼的結果，過去艱苦的付出竟是毫無重量。父親一聲不吭的拿著這三百元放進口袋裡，帶著我母親、妹妹還有我共四個人，離開了祖父母的家，不再回頭了。

　　分家這件事，在我父母之間已經爭論過很多次，最後是因為弟弟的過世而畫下句點。現在想起來，如果當年沒有分家，恐怕也無法造就我們家四口到台北合力打拚、買

房、買車的新生活。命運安排了他的犧牲，讓我們家得以
重生。

輸在起跑點，成長更無限

　　童年的我，是一個怯弱怕事的孩子，凡是游泳、爬
樹、偷採水果這些鄉下孩子得心應手的活動，我都不會。
我是「在樹下幫同學們顧書包」的小孩，可是現在的我，
不論在各方面都很外向，也勇於挑戰，成為了「幫投資人
顧荷包」的人。

　　現在的我，每個月至少有十場演講，每場演講約數十
人到幾百人、甚至上千人都有，可是我依然可以談笑風
生，但我小時候只要父親眼睛一瞪就不敢出聲，更不要說
代表班上演講比賽，從頭到尾都在發抖。這些表現，跟現
在的我簡直大相逕庭，各位可以想像我曾經是這麼怕生、

害羞、嘴拙嗎？

　　如果不是因為曾經貧窮，我不會有那麼強烈的求生意志，逼迫自己吃下工作量，只求能賺到更多錢；或是強迫自己接下原來想都不敢想的工作機會，只因為曾經苦過、窮過就知道：當賺錢的機會來到面前，窮人沒有挑別工作的權利。正因為有這些工作磨練的機會，才有今天的賴憲政。

　　現在我到公共場域，每個人都親切地叫我「憲哥」，彷彿是見到老朋友，可以穿著短褲涼鞋，把凳子一拉就開始在大樹下無所不談般的自在聊天。話題可以從股市、房市、投資、總經、企業、國貿等，甚至是人生、親子、做小吃的祕訣等無所不聊。他們也願意把自己的投資細節和我分享，要我幫忙給意見。

　　如果，我真的有一個富爸爸，或許我會從小安逸在老

家的小鎮長大。正因為我們很窮，逼迫我一路就得不斷拚經濟，從念高中就開始半工半讀，畢業後離家到台北擺攤、買房、做業務，因緣際會接觸股市，成為專業投資人，到現在接媒體通告來賓、電視購物來賓、廣告代言人、電視節目主持人、投資與生活的演講者等，連我自己都很難想像，我如何一步步走到這一天。

市井小民、甚至是社會底層的心情，我總是最有感！不管你輸在起跑點，正怨天尤人，或是卡在某一關而痛不欲生，請記得煩到睡不著、夜深人靜時把這本書當作安眠藥吃下去，重新看看我所經歷的血淚，或許對你有所啟發、給你力量，相信天下無難事，一夜好覺醒來明天繼續奮鬥下一個目標。

前方永遠有路，你並不孤獨。有刀疤的人生才是勇健的人生，請記得，你是生命轉折點的主人。

1-2
脫貧的餓渴，是賺錢的動力

　　窮很可怕。從我懂事，父母每天的對話幾乎都是負債和還債，好像他們每個生活問題的答案都是錢，因此我的童年生活，幾乎都跟每個數字糾葛。

　　我出生在台灣光復之後，百業凋敝，老家在嘉義縣中埔鄉，大部分居民以務農為生；我祖父是老實人，在日本戰敗之初，沒跟別的農人一樣插旗圍地，落到後來竟無任何田地，只能一輩子當「僱農」幫地主耕地，不像其他的賴氏家族都是自耕農。

　　想想實在很悲哀，如果人不懂得積極護衛資產和權

益，可能會拖累下一代，甚至下下一代。很多年輕人只想過安逸懶散的人生，卻沒想到終究會拖累父母、沒有足夠的金錢安養天年；然後拖累子女，沒有足夠的金錢受更好的教育。如果你留下了一筆債務，甚至子孫都會「記得你」，這是多麼可悲的事情。

我的父親是個古意人，即使成家後也把賺來的每一分錢都原封不動交給祖父，有一次他要理頭髮時沒錢，不敢向我祖父拿，只能跟打零工的母親要了兩塊錢。我對這件事印象很深：如果連理髮都要跟別人伸手，就表示財務不自由，無法做命運的主人。因此**不論你賺多賺少，一定要支配財富，才有獨立的人格。**

我的童年家中沒有水、沒有電，每天要挑滿一水缸的水，晚上點煤油燈。住的是土磚蓋的房子，外觀暗暗舊舊的，上廁所還要到附近的茅坑。我母親說，在我兩歲半

時，她生一場重感冒，病到甚至無法起身做飯，足足在床上躺了一整天，而我這個孩子當然也一整天沒吃到飯，可是我卻像個小大人似的，彷彿知道大人的煩憂，只是安靜坐在一旁，沒有「哭么」半聲，讓她覺得很驚奇，認為這個孩子不簡單，真懂得忍耐，以後一定很有出息。

忍耐是窮孩子無法逃避的個性選項。如果不能忍，將來就會為了錢的誘因去作奸犯科，更會令父母蒙羞。所以在窮人家中，忍耐不是美德，而是生存的必要條件。忍久了，對於貧窮和困苦就會比較麻木，只要有賺錢的機會就先做再說。到了現代，忍耐似乎成了一種很孬的性格，彷彿比人家矮了一截；但以我在職場上的觀察，**通常懂得忍耐的人到哪裡都吃得開。**

張錦貴教授曾經分享，遇到你很討厭的人又不得不打交道時，請記得第一件事先將嘴角上揚，露出一個白癡笑

容，心裡默念你想要罵他的話，但千萬別說出來，也別和他討論，謝謝指教就好。張教授的這招很受用，有多少年輕人無法忍耐，當場給對方難堪，結果年終獎金飛了、好幾張訂單取消了，甚至被對方揍一拳，何苦？

偷聽、偷哭，不敢要太多

　　我童年的土磚屋雖然牢靠，但寒風經常從磚縫竄進，「隔牆有耳」下，我只要聽到父母在討論，就像打草驚蛇般立刻豎起耳朵湊近牆縫，聽聽他們在講什麼。他們提到的每一筆數字、內心的盤算和憂慮，我都記在心裡，小小年紀的我，害怕家裡會窮到某一天沒飯可吃，那就世界末日了。

　　有一次父親做生意賺了錢，看他拿著一疊鈔票，不停的數，我覺得既開心、又安心，想說家裡有錢了，這幾天

不用再擔心有這一餐、沒下一餐的著落，能好好睡幾天不再憂愁。當時的我，認為幸福只有兩件事：第一是父親賺錢回家，第二是放學看到母親在家。也許別人眼中這是再普通不過的事，卻是我每天期盼、讓我安心睡覺的事。

我母親嫁過來不斷吃苦，面對木訥的父親和挑剔的公婆，還有家中的經濟重擔。她只有一百四十八公分的身高，卻為了要犁田得跟別人借水牛，甚至牽著這頭牛徒步走了四公里山路，還有整天做不完的勞務，辛酸數不完。她曾經因為生活太苦，差點想要放棄婚姻獨自離家出走，但是她內心煎熬，終究沒有跨出家門一步。因為她捨不得孩子，特別是我這個長子，我們母子總是心靈相通，她最懂我，我也最懂她。

母親是我的天，沒有她，我的天就踢下來了。我記得小時候只要一回家，我就大聲地喊「阿母，妳在哪

裡？」，直到看到她在廚房添柴火煮飯的背影，我才安心下來。有時候母親應鄰居之邀去幫忙農作，雖然在家附近幾百公尺，但我回家看不到母親，東尋西找也不見人影，就會歇斯底里奔走，就怕母親這次是玩真的！直到我衝去外面，在田埂上看到她戴著斗笠，抬起頭來悠悠地跟我揮手，我才止住淚水，慢慢平復差點崩潰的情緒。

那段傍晚放學回家、晚上隔牆偷聽，每一天都在檢視著幸福還在不在的童年時光，很疲憊。我憂慮手中僅有的一點點幸福，會突然被拔走。

如果你跟我一樣，從小擔心受怕，就怕家庭經濟山窮水盡。恭喜你，你已經擁有這輩子足夠的賺錢動力，而且當別人工作喊累時，你還戰戰兢兢、精神百倍繼續賺錢。這，就是你贏在轉折點的優勢！

饑渴不能教，經歷過才知道沒有的苦

　　我考上嘉義中學初中部（當時只有小學義務教育，要上初中必須考試）的時候，全家都很開心，鄰居也趕來道賀，在那一剎那，我覺得我榮耀了父母。父親是我們村莊唯一識字的人，兒子能榜上有名，他與有榮焉，他告訴我「等家裡有錢」就要買輛全新的腳踏車給我。當年的腳踏車之於學生，就像現在的手機之於中學生、摩托車之於大學生，都是學生必備的生活工具。

　　這件事拖了兩年，父親可能已經忘記，卻是我日以繼夜，魂馳夢想的期盼，這年父親從事橘子批發買斷的生意也漸有起色，我每天都在想像騎在很「趴」的腳踏車上迎風奔馳，沒想到一個八月颱風，把父親預付買斷三甲地，滿山尚未成熟的橘子吹的七零八落，買腳踏車這件事成了泡影。我簡直氣瘋了。

　　那年除夕夜，我氣到全身都在發抖，在稻草鋪的大通鋪上踩，兩隻腳像打鼓一樣，敲打著床鋪，敲到床口都陷下去，無論父母講什麼都聽不進去。我大喊著：

　　「為什麼我要的不過這麼少，卻偏偏不給我？為什麼父親的事業不如意，也要把我的夢想賠進去？不公平！這個世界真的很不公平！難道我的命運就是菜籽命，不得翻身嗎？」

　　現在我有兩個兒子也長大成人，回想當時的任性，不懂父親的煎熬與折磨，光是一台腳踏車就是父親一個月的收入，想必父親也存了很久，想要讓我開心。很多人生的體悟真的要經歷過才知道，只是當時已惘然。

人生不是得到，就是學到

　　高中時，我為了貼補家用和攢學費，白天上學前送報紙，下午放學送牛奶，每天都要經過這些訂戶的門口。我住的是土磚屋，但是這些漂亮的透天厝有樹木扶疏的庭園，栽種鮮艷的花朵，透露著安逸的生活氛圍，高不可攀啊。有個阿伯習慣早起站在門口等報紙，看到我穿著嘉中制服卻來送報紙，覺得很不解：「你應該是要待在學校早自習吧。」我訕訕地說，因為我要貼補家用，說完他以肯定的眼神要我趕快去學校，繼續認真唸書。

　　有一次，我受邀到同學的家中玩，他的父親是銀行經理，母親是老師，到他家後才知道有錢人過著怎樣的生活。那是我第一次看到什麼叫作沙發、音響、電冰箱，我家裡才剛有電力沒幾年，晚上有燈可以看書已經很偷笑了，這些家具和家電就像是來自其他星球的東西，好羨慕

他擁有的生活。

　　當天他的父母力邀我們過夜再回去。入睡前，還準備了熱牛奶和餅乾給我們當宵夜。我平常三餐都吃不飽了，這些點心對我來說，實在太奢侈了些；我平常三餐只要一碗白飯淋上幾匙豬油、醬油，我就開心得大口咀嚼、心滿意足了。此刻的我，希望時間就此停格，我慢慢地吃著餅乾，小口品嘗這甜美的滋味；經常送牛奶的我，也難得的喝了幾口牛奶，原來牛奶是這麼好喝，難怪有錢人都要喝牛奶。

　　我啜飲入口，深怕一下子就喝完。夜裡，我躺在軟綿綿的客床上，一時之間無法入眠，原來這世界上有這麼好的生活，這才是家，這才是人住的地方！

賺錢脫貧成為人生的動力

回到家之後，我繼續過著我所熟悉的生活，但是我的人生卻悄悄發酵了。也許我真的無從選擇家庭，但要用我自己的力量改變家庭。錢在我心中更重要了！我一定要有錢！它是幸福的來源，也是性命的保障，父母曾因為貧窮失去了一個兒子，我也曾經恐懼母親會因貧窮而離開我，錢曾綑綁著我的童年生活，那麼，我要做個有錢人，才能解脫這些煩憂苦惱，過有尊嚴的幸福生活，努力讓父母的臉上有笑容，徹底擺脫這些揮之不去的憂慮與自卑。

蠶要破繭才能變成蛾，小雞必須破蛋才能變成大雞，相同的，人必須先破除心中的圍牆，才能探索圍牆以外的世界。我可以做到嗎？我真的可以做得到嗎？我每天都這樣問自己⋯。

1-3
要賺錢，就要懂得「精算」

65年我們搬到板橋新家，有次我母親叫了一桶瓦斯，啟用新瓦斯桶時她喃喃地說，前一桶瓦斯用得比較久，還多了十幾天。我隨口問她，阿母妳記憶力有這麼好喔？她拿給我一張被摺到皺皺的日曆紙給我看，告訴我她只要換新的瓦斯桶，就會把當天的日曆紙撕下來，捲成一小捲塞在瓦斯桶扣環的縫裡，下次換新桶子就能比對計算，到底用了多少天的瓦斯。

我聽了好訝異，不識字的母親為了想掌握家中瓦斯的用量（或每家瓦斯行所提供的瓦斯量），靠著應變的小智慧去計算，真有巧思。

年頭飼雞栽，年尾作月內

很多含金湯匙出生的人有與生俱來的品味，窮困人家的孩子也有天生的本能，那就是懂得「算」，不是跟別人計較的算計，而是想盡辦法更有錢的計算。

在我小學時，母親為了要貼補家用，就在自宅後院養雞，把雞養大賣到市場給攤販。我們家平常都吃地瓜稀飯和兩盤青菜，為了給我補充營養，每天早上母親總會給我一顆生雞蛋，攪在飯裡沾一些鹽巴，蛋汁流到飯裡真香，我總是大口吞下，這就是養雞的利多。

我們家通常會養二十隻雞，只拿十隻去市場賣，其他繼續養大。後來父親也兼職當起雞販中盤商，不定期跟村莊鄰居收購成雞，當時一斤雞的成本是二十元，我們會挑賣相較好的雞，以三十五元賣給像醫生娘這種A級客戶，

其他比較普通的就以三十元賣到市場去。雖然我們家是雞
販，但是看到雞肉通常只能望梅止渴而已。不吃地瓜稀飯
時，有時母親會買鯖魚罐頭，加水加鹽巴、醬油和薑汁調
味煮成一大鍋，因為我正在發育，她總會挑出魚肉給我
吃，而其他家人和著有魚味的湯湯水水喝，就這樣解決一
餐。

　　為了要賣出好價錢，父親每次載到市場兜售前都要讓
雞吃到飽、吃到撐，秤出漂亮的體重，才會賣出漂亮的價
格。母親往往準備一大鍋的地瓜簽，煮到爛熟之後，父親
就一手抓著雞脖子，一手拿著塑膠管對著雞的咽喉，讓母
親順手把地瓜簽強迫餵食給雞，咕嚕咕嚕讓牠們吞下去。
填「雞」式的買賣，是鄉村活生生的經濟活動，多一些是
一些，賣得好價錢才是王道。

　　賣雞的時機點是有學問的。每學期我要註冊前好幾個

月，母親就會盤算著該何時買下一批小雞，大概養到開學前賣掉，換取我和妹妹的註冊費。他們不管做什麼生意，總是繞著我註冊的週期去思考，就像人家所說「年頭飼雞栽，年尾作月內」，意思就是說，如果算一算家中媳婦的預產期是年底，那麼反推時間點，要先在年初開始養小雞，屆時小雞變大雞，正好作月子時可以殺來補身體。這句古諺和胡適先生所說，「想要怎麼收穫，就得怎麼栽。」有異曲同工之妙。

在充滿競爭的年代，**懂得「算」是一種美德，甚至是求生的必備能力**。很多人很羨慕別人買東西不用看價錢，做事都不用想結果，反正不缺錢也不缺人「服務」，反觀自己，必須苦哈哈的計較每一塊錢，隨時都過著「計算人生」，覺得生活很窘迫。我是一個阿Q的人，對此有不同的看法。

　　我認為年輕過著有點拮据、需要計算的生活，其實是「好的開始」，因為需要算，所以會珍惜所擁有的資源；因為需要算，所以腦筋永遠動不停；因為需要算，你會變成勤快、重視目標、有行動力的人。

　　我經常奉勸年輕朋友，要懂得計算自己的資源，充分利用時間和金錢把能力極大化，像很多社會新鮮人畢業後才發現，找工作比想像中的困難，除了大環境的客觀因素，有一部份在於大學生涯不懂得盤算自己的未來。

　　懂得盤算的大一新鮮人，在進校門的第一天就開始思考：未來這四年的教育，我應該如何裝備自己，才能跟別人有所區隔？要具備哪些競爭優勢，才會找到工作，甚至是理想的工作？對自己要求更高的學生，還會更進一步去思考，怎麼做才能贏過有一兩年工作經驗的應徵者，讓老闆能挑中我？

　　如果你有這層思維，你就成功了一半！你就會訂下目標，瞭解未來可能從事的領域需具備的能力有哪些，去各個科系旁聽或去系辦公室打聽，甚至聽學長學姐的建議，決定修個雙學位。其實就算沒有辦法拿到輔系也無妨，藉由修一些學分充分學習，在職場的關鍵時刻就能發揮作用。

把時間花在經營自己上

　　擁有第二種專長很重要，如果你是戰場上的戰士，別人只有一把刀，而你左手有刀、右手有劍，是否勝出的機會高？如果你是將領，敵軍只諳陸軍，而你還多了空軍部隊，他怎麼打得過你？

　　我身邊就有一個正面的案例。我太太的舅舅自成大化工系畢業後，到美國唸化工碩士。民國六十二年發生全球第一次石油危機，許多企業組織紛紛緊縮編制，舅舅決定

繼續再念數學碩士。畢業後剛好景氣回暖，他進了陶氏化工做基層工程師，經過許多年的奮鬥，最後當到了全球副總裁。

當時黃種人在美國受到排外的現象仍普遍，即使能力再強，升遷往往還是美國人的份，我問他為何沒有被歧視，還受到重用。他說根據以往經驗，公司通常會請兩個副總裁，一個要有數學背景，一個要有化工背景，他剛好兩者兼具，所以雇用他等於雇用兩個人，高層人事向來是企業很高的成本，所以請他當副總裁是很「划算」的決定，至於他是什麼膚色，就相對不重要了。

除了修雙學位外，大學生活的課餘多的是打工的機會，能否結合科系所長和師長的推薦，先當廉價勞工賺實習或接案的經驗，也會讓你在大學生活加分，等於你在上戰場之前，先練過作戰能力了。

　　我朋友的女兒，在美國修的是市場調查，課餘在全美第二大廣告公司實習，十幾年前她很幸運接到摩托羅拉的合約，幫他們做中國市場調查與分析，畢業後馬上被麥肯錫挖角到上海，年薪15萬美元，現在年薪已經超過25萬美元了。

　　將知識化做肥沃的土壤，智慧之花才會燦爛開放。如果你不懂得精算、什麼都到時候再說，那麼只好等到畢業後到處踫運氣、處處皆碰壁，再羨慕那些早就找到工作的同學了。

人生的三大不幸

　　有富爸爸的人通常比較沒有危機意識，終其一生不需戰戰兢兢，除非他們勇於跨出父母準備的舒適圈，不然他們的人生故事也只能照著別人的期望走。然而，還有一種

備受眾人羨慕的人也很缺乏危機意識，那就是天縱英明的才子才女。

今年初春，演藝圈失去了一位巨星高凌風先生。他在音樂創作和表演方面勇於與眾不同，又具有創新思維，曾在秀場叱剎風雲，在電影和電視等媒體都是超級偶像人物，是台灣現代演藝史的重量級藝人之一。我記得有一次他受訪時表示，他演藝事業最高峰時曾一天賺二十四萬元（當時三重的房價一間約二十萬元）。所以，他曾表示他買房子就像買火柴盒的比喻，一點也不誇大。

他這麼紅、這麼有錢，要什麼有什麼，需要擔心什麼？頂多是稅務問題吧。

但是，他卻遇上了人生的三大不幸：少年得志、中年失業、老來貧病。高凌風自己說：少年得志大不幸在他身

上應驗了，當年錢像開水一樣好賺，使他開始擺架子，經常搞得秀場和電視台急得跳腳，父親過世的打擊又讓他過著荒誕不羈的生活，吃喝嫖賭樣樣來，有一次，竟然一夜輸了七百萬。

嚴格說來，他中年不算失業，民國七十五年為紅顏退出歌壇，改行做生意，暫別演藝圈十幾年內的投資紛紛失利，回演藝圈轉型後已經沒有過去的榮景。他的人生如此曲折和戲劇化，怎不讓人感嘆？

古人曾說「少年得志大不幸」，又說「千金難買少年貧」，這是很有智慧的。如果當年高凌風先生，把他賺來的錢都守住，在風險控管下做部份的房地產投資，就算賠掉一些，也不至於中年如此落魄。

演藝圈投資成功的案例，一直被引為美談的是小哥費

玉清，除了歌藝好，投資眼光更好。篤信「有土斯有財」的他，據傳只做房地產投資，忠孝東路一段到七段都有房產，而且大都以一樓店面為主，媒體估計擁60億身價，這兩個極端的案例，如今看來，令人不勝噓唏。

少年得志就是相信自己會愈來愈紅、不會有需要借錢的那一天，偏偏命運特別會來捉弄沒有風險意識的人！還有含著金湯匙的人安逸慣了，突然要他過著拮据記帳的生活，未嘗不是一種折磨，萬一家道中落，可能要花很長的時間去適應「一般人過的生活」。

人生的福份不是生來擁有什麼，而是成長過程中慢慢賺得什麼，不論是知識技能、街頭智慧、人情世故，甚至從失敗的教訓中培養勇氣，都是一樣的道理。命運喜歡有準備的人，就算天上掉下來禮物，如果平常沒有鍛鍊體魄，您恐怕也接不住啊！

1-4
沒有好觀念，富有只是一種毒藥

我從小成長的過程，都在參與大人做生意，包括撿地瓜和花生、編竹簍等，加上半工半讀時送報紙和牛奶，暑假時到台中打工當保齡球撿瓶員，一個月有六百元還包吃住，兩個月下來加上一些打零工的錢，開學的註冊費就有著落了。

雖然我有考上大學，但高中畢業後因為家境清寒，決定不再升學，所以我接受正式教育的時間其實不長，有很多知識都是靠自學的。有些認識我的人覺得我跟一般分析師不同，一般分析師一天到晚把數字掛在嘴邊，而我卻經常引經據典，又喜歡講老祖宗的智慧，所提到的台灣古

諺，甚至是我父執輩常用的說法，也喜歡談歷史故事和現代人物，把生硬的經濟和股市現狀，描繪得生動活潑讓人想繼續聽下去。

這要從我父親談起。

父親是我們村莊唯一識字的人，很多鄰居要幫孩子命名，或是要寫信、讀信，總是找我父親代勞。他在我很小的時候就到台南學製造麵筋，他去當學徒的這段期間我很少見到他，但是每次他回來時，就會幫我們村莊的大人「上課」。村莊有很多大人幾近文盲，農忙之餘想唸書卻請不起私塾教師，於是就找父親幫他們免費授課，我父親向來不重名利，只要有人願意聽他講學，他身為「知識份子的使命」就油然而生，大樹下的課程就這樣好幾堂一直上下去，我是永遠在場聆聽的學生。

　　聽父親講課真是美好的經驗。秋冬偷懶的太陽早早下工，長夜漫漫無所事事，經常可看到七到八個大人拉個板凳，到大樹下或大埕，圍在他身邊聽他講《三字經》、《千字文》、《昔時賢文》等，我從小就在那樣的耳濡目染的氣氛下學中國經典、台語智慧。不論是在寒冬的夜晚或秋日向晚微風徐徐吹來，父親娓娓道來書中做人做事的道理，詮釋古人傳達的智慧，就像是動人的音符敲在我的心弦。

感謝父親給我又窮又富的人生

　　想想看，一個終日為了幫家中賺錢的小孩，能有某些從容的時刻可以聽父親講故事，彼此忘記賺錢的勞碌生活，是多麼快慰美好！甚至談到動人之處，講到晚上，說的人樂此不疲、聽的人津津有味，而我也好羨慕父親能這樣侃侃而談。他說的雖是古文古詩，但是也教我：「賺錢

有數，道德要顧」。我沒想到，將來的我竟然要靠嘴巴吃飯，可見得我童年已被潛移默化，以父親為榮、以演說為樂了。

即便我父親沒有給我很優渥的生長環境，我還是很感謝父親給我人格的教導，以致於我們家雖然窮，卻是每個家人都願意幫助別人，也願意分享的人；他教我避開賭博與毒品的誘惑，講到我耳朵長繭，但是多年以後才知道，這社會上許多起跑點比我好的人，很多就是栽在「賭」而跌趴不起，可見得身教和言教是多麼重要。

雖然我沒有念大學，但是卻因此而對知識有無窮的嚮往，俗語說：「娶某冊不讀，嫁尪腳不縛」，很多人進了社會就不再有時間讀書，而我是進了社會大學而經常看書，因為工作上所要消化的資訊和知識實在太多了，不讀快一點就無法與時俱進。學習使人進步，我想，這也是為

何我還在財經和媒體界混得還可以的原因吧，因為我每天還在學習。

　　有一次接受電台節目專訪，主持人吳淡如介紹說，今天訪問的是股市憲哥，也是「年紀最大的電視節目主持界新人」，我乍聽之下覺得很不敢當，想拿出別的例子來反證，一時之間還真舉不出例子來──年紀比我大的一定有，主持界的長青樹比比皆是，不過他們早就在電視圈屹立不搖了；主持界的新人當然就更多，想來想去都是年輕的臉孔，頂多是而立之年的青年才俊。一時我還無法反駁淡如的說法，只好笑納她所觀察的結論。

貧困無所謂，但親情要夠暖

　　我母親對我的影響就更大了，因為我是六年國民義務教育的末代學生，所以我小學五、六年級面臨更高的升學

壓力，為了拚初中，這兩年都住在教導（現在稱主任）家裡補習，減少通勤時間來拚成績。因為我的成績一直名列前茅，每個學期都會領到不少文具和簿子當作獎品，我全部都拿給妹妹用，她每學期的文具用品都用不完，自然就省了一筆費用。我只希望能夠考好成績來榮耀我的父母，也讓妹妹有榜樣學習。

　　還記得小學最後那兩年，母親每天早上都做熱騰騰的便當，走三公里路送到教室給我吃，然後在走廊上靜靜地等，等我唏哩呼嚕把便當吃得精光，她再把空飯盒帶回家。現在想起來，父母對子女的愛是持續而偉大的，母親不會因為今天懶得煮或身體不太舒服，就不送便當來，而我卻把這些事情當成理所當然；**只有在當了父母才知道，當我們持續的為孩子做一件對的好事，即使渺小而平凡，卻是道不盡的愛。**可是子女有能耐相對付出這麼多嗎？不容易吧。

億萬富翁都懂得要「窮」孩子

　　窮很怨嘆嗎？窮人家的孩子會抱怨窮，有錢人家的孩子也會抱怨窮，因為總是有人比他更有錢，這種抱怨不見得都是金錢的問題，而是他們需要的愛不夠。沒有親情的陪伴而直接給錢的方式是最寂寞，也是最容易引起麻煩的。

　　林則徐留有一家訓名聯曰：

　　　　子孫若如我，留錢做什麼？賢而多財則損其志；
　　　　子孫不如我，留錢做什麼？愚而多財益增其過。

　　有些有遠見的有錢人家父母，其實會刻意不給孩子很多資源，就怕栽培出不成材的後代，以後被人欺負和利用，沒有能力接班。有智慧的企業家都懂得在累積到一定

的財富「窮養」下一代，例如美國投資家兼慈善家巴菲特
捐出99%的財富，幾乎留很少財產給他三個子女，教育
他們要憑自己的勞力才能換取金錢。他的子女後來發展得
也很不錯，可見得他懂得給子女的財富要有所節制，超過
他們所需，就會腐化求生、求贏的鬥志了。

　　此外，國內也有許多企業主也有類似的想法，餐飲
連鎖集團王品上市前，戴勝益董事長即對外宣布捐出80%
作公益，只留給小孩各5%。有個富爸爸好嗎？戴勝益說
他念大學時沒有危機意識，反正再差還有三勝製帽這個家
族企業可以待，所以他比其他同學都老神在在。直到他中
年經歷了一些挫敗後，才決定「自斷後路」而另起爐灶，
靠自己的力量打造了王品集團。戴勝益以過去擁有「富爸
爸」的經驗，決定給孩子「窮爸爸」的人生，除了讓他們
過庶民生活，還訂定了「排親條款」斷了他們進王品集團
工作的後路，要讓孩子以自己的力量去創業。他的作法令

人耳目一新，值得參考。

　　我曾經看過一幅廣告：**平坦不是最好的道路，起伏才有豐富的人生**。這是則豐胸廣告，但是用來形容我們的人生，不也十分貼切嗎？如果人生注定要有低潮，那麼寧可選擇少年貧，養成一個飢渴的自己，不斷找尋出路勇往直前，雖然輸在起跑點，卻衝得比別人快，這樣的人生不是更精彩萬分嗎？

剛剛好的折磨，
最有幸福感

Part 2

2-1
家裡的第一台電鍋

　　民國五十幾年時，鄉下男工一天工資才三十元，女工二十元。我考上嘉義高中初中部，父母非常高興，每天會省下二元給我當零用錢，看到父母辛苦工作的背影，這二塊錢對我來說非常沉重，一點都不敢亂花，只得慢慢攢下。

　　我們家窮，三餐採用古早的燒柴方式煮飯。母親每天清晨四點起床，煮早餐給家人吃，總是摸著冰冷的水洗米、燒飯、煮菜。有一年冬天清晨，我在廚房碰觸到母親的手，冰冷而僵硬，那是一雙粗糙、乾裂凍壞了的手，我知道當傷口浸泡到冷水時的痛徹心扉。這是一雙透早就為家人煮飯、洗衣操勞的手。

纖纖玉手的溫潤，從來都不是母親的手的觸感與溫度。我默默攢錢，這段期間我們村莊剛好供電，能使用電燈和電器，我好不容易存了三百六十五天的零用錢，剛好夠買一台大同電鍋！依稀記得，當我把一台嶄新的電鍋送到母親面前時，她看到這個新電鍋面帶驚喜笑容的一幕。她剛啟用電鍋時，每天煮飯時都笑咪咪地，好像小孩子拿到新玩具般地開心，而且到處宣揚我的貼心，我覺得省吃儉用一整年給母親過點便利的生活，都值得了。

貧窮，拉近我和父母的距離

達到這個目標後，我仍繼續存錢，不敢花費父母給我的零用錢。我體察父親怕熱，但下工回家只能拿著竹葉扇子猛搧，於是又默默地為了父親存錢。在我念初中二年級下學期，我拿出一年來攢好錢所買下的電扇送給父親，告訴父親從此以後有電扇可吹，不必再搧風搧到手痠了，嚴

肅的父親，也難得露出微笑，從此父親與電扇形影不離，
中午父親會在龍眼樹下，以兩條板凳合併小睡午休，簡單
的延長線末端，電扇盡責的吹拂，父親睡的又沉又香；
晚上床舖前，電扇對著蚊帳轉來轉去，全家人很快進入
夢鄉，第一次體驗科技的方便，也第一次了解「有錢真
好」。

　　是否有人跟我一樣是貧苦出身，覺得跟父母的感情特
別深？像我這樣窮人家的孩子，只要一有錢，第一個念頭
就是拿去孝順父母，討父母歡心，給他們吃好的、用好
的，只要父母高興，自己彷彿也享受到同樣的快樂。

　　貧窮的家庭是藏不住什麼秘密的，因為家人必須經常
面對所有和金錢相關的事情，窮苦的孩子特別孝順，是因
為環境使然，參與了父母賺錢的辛苦與卑微的點點滴滴，
所以被迫提早成熟懂事。

現代小孩普遍出生都享有基本的經濟水平，已經脫離要幫父母照顧弟妹、甚至幫忙家庭代工或經濟收入的生活了。基本上，他們就學期間只要關注學習與生活，因此，孩子只看到父母拿出金錢來繳款和消費，對於金錢如何獲得的「過程」不夠了解，甚至是很淡然的，以為賺錢很輕鬆。

百貨公司常常聽到小公主、小王子盯著櫥窗裡的玩具，「媽媽我想要買這個。」「不行，媽媽沒有錢。」「提款機領就有啦！」看似天真的童言童語，但對金錢的認知觀念已經偏差了。

現代父母若要培養孩子對家庭的向心力，以及對金錢得之不易的情懷，必須靠父母製造機會去教育「窮」孩子，才能提升對如何省錢、賺錢的觀念，否則在無孔不入的廣告媒體催眠與刺激下，加上同儕互相比較的心理，孩子的物慾很容易被養大，間接的養尊處優，而不珍惜父母

賺來的錢。

再窮，也不能沾賭

雖然我們家境很窮，但是父母還是要求我們要恪守品德，不要受到金錢的誘惑去做違法的勾當。從小過年有個不成文的規定，大年初一到初五警察有默契地不去掃蕩賭場；所以鄉下過年從8歲到80歲都在賭，一群人各據一方，撲克牌、四色牌、骰子、十八豆啊應有盡有，但父親非常堅持不讓我染上賭隱。

我高中是半工半讀，早上送報紙，為了想多賺一點，於是我想到賺錢的點子：很多賭客上牌桌久了會口渴，自然會想消費。晚上就在麻將賭場兜售津津蘆筍汁，由於賭場贏家的口袋特別鬆，所以我賺錢的速度很快，現在想起來，是我距離賭博最近的一次，但是我只賣我的蘆筍汁，

始終沒有在牌桌旁坐下來。

　　我高中時父親再度作水果生意，他會預先跟果農契作收購再賣到市場，賺取其中的差價，凡是務農生意必定看老天臉色，某一年本來預購五萬斤的水果，居然只收到五千斤，一夕之間父親的資金調度不過來幾乎全垮。雖然父親是全村唯一識字的讀書人，卻因做生意失敗成為最落魄的人，我看到他難掩落寞好一陣子，覺得很不捨，和父親說話時小心翼翼，不去觸碰這個傷口，不敢讓他聽到我對家中經濟的憂慮。

　　窮人有三寶：香蕉、地瓜和花生。我高二住宿最窮時，曾經口袋只剩下三塊錢，因為要三天後我才能領到打工的錢，而我也不打算吵父母給我錢，他們的生活已經夠緊了，我只能裝作沒事地說，我都夠吃，於是我靠著吃香蕉度過三天。窮久了，就知道要怎麼對抗「普通期的窮

困」，和「非常期的窮困」；也許因為這份成長的經歷，窮似乎沒那麼可怕了。

為了給我們比較好的生活，父親到台南大榮貨運做點貨員，這是我有記憶以來，他首次離開我們家人謀生。沒多久，母親在省立嘉義醫院找到廚房的職缺，因為她待在醫院工作的時間很長，院方願意提供食宿給煮飯工，所以母親也暫時搬離我們兄妹。我因為升學關係必須周一到周五住宿，只留妹妹一個人在家，還好神父伸出援手，讓妹妹免費寄宿在教堂。

彎腰天更高，低頭氣更長

我是一個很重視家庭的人，所以高中畢業後，我離開嘉義到台北謀生沒多久，實在受不了全家人分隔四地的思念，加上我當時在士林攤位生意愈來愈好，就找父母北上

幫忙賣冰，我改賣女用飾品，利潤不錯，於是也接妹妹北上後終於全家團聚在一起。

當時，我們家在士林租的是一樓挑高成二樓住家的房子，雖然美其名是二樓的居所，其實是半層樓的隔板設計，是非常低矮悶熱的通鋪臥房。像我這樣的個子，只要一站起來，頭就會頂到天花板，被撞了好幾次之後，我終於學會要「低頭過日子」。

但是，這又有什麼關係呢？我們全家已經兩年多沒有住在一起，此刻全家人團聚在一起，有什麼不方便也是值得的。有回我們全家人吃晚餐，我看到家人安靜地夾菜、偶爾聊聊天的感覺，內心湧起一股感動，每一口吃起來都是美妙的滋味。其實我要的不多，無非是一點點溫暖感受，我要的真的不多，是互相體貼的問候，親切的微笑，和真實的擁有。

　　我的成長史，幾乎都是貧窮與共，但是這些匱乏並沒有過度的折磨我，這些剛剛好的折磨，促使我更了解父母對我的愛與關懷，讓我更了解家人的重要。在這個功利掛帥的社會裡，貧窮其實不可怕，而是一些似是而非的觀念，扭曲了對個人、對親情、對朋友的態度，社會新聞有滿滿令人毛骨悚然的例子，看完不禁害怕：這個世界已經道德淪喪到這種地步了。

　　我的青澀成長中，只想要多賺一點錢讓父母少一些勞累，讓家人能在一起好好過生活；我感謝這些恰到好處的貧窮，讓我看清楚人生什麼是重要的：窮的時候可以激勵自己，富有的時候更可以認識自己。

　　當你想要抱怨的時候，不妨想想：剛剛好的窮困與折磨，就是你把人生看得最清楚的時候，把握這個時機觀察與省思，答案就在這其中。

2-2
感謝剝削你的人

　　我從小在嘉義長大，打工之餘喜歡在文化路的夜市街頭，看江湖術士透過推銷話術賣東西，不瞞各位講，精彩程度甚至超過很多時下電視節目，別忘了他們都是現場演出，還有即刻的銷售壓力——當天表現不好，有可能賣得慘兮兮，這種壓力怎能不大？

　　光靠一張嘴，就讓別人打開荷包，實在太美妙了。這些街頭銷售員小從一塊抹布，大到一套具有神蹟效果的水晶座，都有辦法講得活靈活現，讓路過或駐足圍觀的人覺得無論如何都要吃飽飯出來走一趟，好好享受街頭娛樂，聽完一家攤商「說書」再往下一家。我每次都會很用心地

聽他們怎麼說唱俱佳，逗得歐巴桑和小姐們打開荷包，連鐵齒的阿伯冷眼旁觀後，也不知不覺跟著買了幾樣。

街頭語言向來俗擱有力，從賣生活用品，到賣膏藥、跳豔舞，在旁邊烘托氣氛的主持人的表達能力與臨場反應，硬是要得；聽久了，我就開始刻意學習他們說話的邏輯和戲劇鋪陳，的確有些學問。窮人的小孩生活單調沉悶，我透過庶民語言的逗唱，頓時讓煩惱一掃而空，久而久之我對做生意也開始感興趣了。

社會大眾的心聲，才是真正的現實

掌握庶民語言的魅力，實在太重要了。

現在很多老百姓經常感到政府說的是官話、專家說的是鬼話，學者說的是外星話，還夾雜英文和艱澀術語，在

在都代表著所謂「菁英者」的思維和表達的態度離庶民太遠了。任何一句話說出來，目的都是為了要讓別人聽懂，而不是要讓別人聽不懂；一個再好的政策，需要政府用心的轉化，透過庶民能夠理解的情境、邏輯和語言來傳遞，否則，說得再多等於沒有溝通，無法讓大眾瞭解、有感，累積起來會造成誤解，提高更多的社會成本。

一家企業的老闆亦是如此，整天忙著出差開會、商業談判，逐漸忘記當年的自己曾在市場第一線掌握群眾，締造銷售奇蹟；有些老闆隨著位階愈來愈高，所制訂的策略卻離商場現況愈來愈遠，消費者的心聲也聽不進去。因此**只要是領導者或高層人士，一定要適度地把街頭觀察、庶民語言當作調整的重要工具，因為這些影響力太大了，絕不可輕忽。**

這也是我為何喜愛到各處演講的原因，表面上是由我

這個演講者告訴聽眾最近的財經趨勢，實質上，我從他們身上給我的回饋和經驗談學到更多，我才是最大的收穫者。

我每次演講後都會仔細回想這些內容，消化一下再把這些聽眾可能有興趣的素材或問題，回饋給下一次演講的聽眾。所以我刻意不讓電視主持節目工作充塞我的行事曆，一定要保留部分演講的時間，因為和大眾直接溝通是最接近一般人的生活方式，是我學習的對象。

人脈是擁抱財富的捷徑

話說我高中的寒暑假經常到台中的保齡球館打工，畢業後決定到台北打拚，找個工作安頓就好，想要「作銷售生意」的念頭暫時放在心裡。

　　民國62年某個禮拜五，我帶著200元坐凌晨的夜車到
人生地不熟的台北，下車後花1.2元坐公車到松江路國民
就業輔導中心找工作，抵達時間是禮拜六下午，沒想到鐵
門早就拉上休息，我一時傻眼，摸摸口袋只剩36元，心
想：沒有工作也找不到住宿的地方，這下可好！所幸經人
指點，我到國民就業輔導中心城中分處詢問，今晚可以在
南機場附近落腳，剛好有送瓦斯的現缺，包吃住一個月有
一千元。對於離家的第一天，雖然曲折但萬事底定，不禁
內心直呼實在太幸運了。

　　接下來的好幾天，我每天騎機車載著瓦斯桶，送到家
家戶戶去。南機場公寓沒有電梯，每次要送五樓都沒人要
送，20公斤瓦斯加瓦斯桶約42公斤，我總是搶著送，一
口氣扛著42公斤沿螺旋樓梯直上五樓，雖然腳步有點跟
蹌，但因為多了10塊錢的小費，感到很值得。

後來轉介到士林瓦斯行，老闆是少將退役的軍官，所以許多客戶都在士林官邸一帶，都是以前的老同事和這些同事介紹來的。每次我送瓦斯時欣賞這些有錢人的居家，有前庭後院，也有傭人招呼打點生活細節，真是羨慕。

有一回，我騎機車送瓦斯到內雙溪的別墅去，正在上坡時猛踩油門時卻發現不妙了，繫著瓦斯桶的皮帶「啪」的一聲鬆脫了，說時遲那時快，聽到瓦斯桶倏地滾下，發出咚、咚、咚的聲響，一路跌落到坡底，我嚇得有好幾秒沒有反應，好在周邊沒有人車經過造成交通事故，虛驚一場，但這次經驗提醒了我，往後我載送瓦斯桶必須更小心翼翼，否則萬一出了人命要怎麼賠？

又有一次，我送瓦斯桶到某個軍官家中，我們開聊了好一陣子，軍官發現跟我這個小夥子說話還蠻投緣的，於是遞一張名片給我，囑咐我：「年輕人，一個人在外打拚

生活要小心點，倘若遇到麻煩事，就把這張名片拿出來，或許會有些用處。」這是我第一次收到別人給我的名片，我默默收下，體會到：原來有個體面的職業，是可以幫助別人的。

　　瓦斯行的生意愈來愈好，由於我每天要送的貨很多，必須要更有效率的出班，因此每趟我至少要載三個瓦斯桶上車才會划算，一開始工作並不覺得瓦斯桶有多重，但是扛久了，我的肩部、背部與腰部經常拉傷，只要一出力就會隱隱做疼，即使回家貼痠痛貼布，效果也有限。但是為了生活，也只有咬牙忍耐，畢竟這是我到台北的第一份工作，還不敢想太多。就在某一夜，我因為背傷而在床上痛到無法言語，不論翻個身、還是伸個懶腰，都會發出劇痛，我才二十歲就受不了，更別說是到三十歲還做這種粗重的工作，我能扛瓦斯扛幾年呢？再撐個半年還是一年？我該何去何從？

　　以體力賺取金錢終究有其侷限，在好幾個疼痛的夜裡輾轉難眠，學生時代曾經看過別人叫賣的景象突然湧現在我腦海，我何不去做生意？靠口才招攬客人，才能讓我的體力稍作喘息。

　　我回嘉義把這個決定告訴母親，因為母親很有商業頭腦，若父親是個成功的生意人，我深信母親絕對是很稱職的老闆娘吧。所以，當她知道我想改行，比我還要開心，不斷提供點子給我，我們母子光是討論要做什麼生意、要怎麼吸引人潮等，對話到三更半夜還說不完。

　　因緣際會，我在士林認識了一名賣楊桃汁的鄉親，他知道我想創業，讓售半新的攤車和相關器具，並免費教我如何製作楊桃冰。我付了六千元給他當作拜師費之後，就開始在士林大南路賣起楊桃冰了。由於我勤快叫賣，第一天就賺了三百五十八元，記得當年公務員一天的薪水不過

一百多元，我就幾乎賺了兩倍，真是喜出望外。

　　漸漸地，我和附近的攤商們都成了好朋友，當他們聽到我竟然花了「六千元」來買這些壓克力及塑膠的器具，各個笑彎了腰，調侃我根本不知道行情，大概給他三千元就很夠了，糗我是個冤大頭。坦白講，我居然沒對這個鄉親生氣，甚至認為他是引我走進這一行的恩人，畢竟他很仔細的教我每個步驟。如果沒有他，我可能會到處嘗試其他的行業，還未必找得到入門的方式，所以我很感謝他。

　　「明知被騙一點點，也要走出自己的人生。」至少我當初是這麼想的。我不是心裡沒打算盤，只是盤算之後，認為給人吃點豆腐、賺些利潤，卻能換到馬上賺錢的機會，就不需要在乎這些——尤其是當賺到錢，當初的這筆「學費」將會微不足道，所以我感謝當年剝削我的鄉親。（不過相較於今日創業加盟金動輒好幾百萬元，倒是值得

加盟的年輕人審慎創業。）

從仿造到創造，青出於藍而勝於藍

在商場上，「從零到一」所要支付的成本，往往是最大的成本，對韓國三星企業來說，它後來雖跨足許多產業，但是都只能說是後進者，為何它能夠急起直追，不僅笑傲亞洲，甚至連歐美市場也攻城掠地？

那是因為創辦人李健熙深知從無到有所要付出的成本是最高的，所以它要進攻某些領域，不惜以高金聘雇專業人才，即便外界人士認為「買貴了」，他們也不為所動，相信只要是對的策略，人才的投資怎麼算都不算貴。如果三星跟別人搶人才，還在過度精算「值得不值得」這件事上，很可能一眨眼功夫，人才就被其他競爭同業給搶走了。這就是「吃虧就是佔便宜」，如果企業主對於搶奪關

鍵人才還以業界行情去精算，自以為很聰明，決定好最合理的薪水，那麼就只好等著把江山拱手讓給他人了。

行行出狀元，處處皆學問

我事後回想，在這些攤販的種類中，作小吃的食材和原物料來源很多，成本的控制變因較多，想起來賣冰水的成本最低也最好賺，我挑選了一條好走的路。但是好走的路，學習門檻低自然吸引很多人投入，更容易在紅海中爭的你死我活，所以我靠了三個方法和其他攤商有所區隔。

第一，我選擇以叫賣的方式推銷。我想讀者一定覺得奇怪，叫賣是作生意必要的招呼語，有何特別之處？在台北打拼的這段期間，我發現台北和南部的民情有顯著差異。南部攤商比較熱情直接，當然也很敢講──不怕冒犯你，就怕你不跟他東聊西扯，相較於北部的攤商真的含蓄

多了。擺攤的那段期間，我可是卯起來跟路人做朋友，也許北部攤商覺得我太熱情、太直接，又有什麼關係？如果你表現得比顧客還要冷漠和保守，他根本懶得跟你買！

第二，為了要維持楊桃冰統一的品質，我跑到天水街買了一個糖度測計，每隔一個小時就測試整桶冰飲，是否維持在一定的甜度，若是因為冰塊融化變淡，或加入楊桃原汁後過甜等變化，我就會立即調整到標準甜味8.5度。

因此，在我的「標準化作業」的設計中，我的顧客不會遇到「上次喝的太甜」、「這次喝的太淡」的情況，顧客只要每次消費經驗不同，幾次下來就會對產品的品質不信任。而他們知道來我這一攤，都會喝到跟上次一樣冰、一樣甜的楊桃汁，我每個小時的測試，都能傳達給顧客一種訊息：來我這一攤喝，就是品質保證。

第三，我利用消費者貪小便宜的心理，提高「單次消費金額」。通常是這樣的：遇到大熱天，顧客每喝完一杯，我會問他要不要多喝半杯？反正也沒多少錢，顧客通常會爽快說好，但是我都會在第二杯中加到九成滿。顧客這時邊喝就會覺得卯死了，多了半杯的錢，居然給我快一整杯的量，這個老闆很大方，下次路過一定要再來買楊桃冰，而且要喝就要點「一杯半」才會划算！

其實，我才是賺到了！與其衝來客人數，不如衝單次銷售金額，對於剛擺攤的我，不失為累積主顧客的小技巧。

很快地，我從第一天日賺三百五十八元，一周後就賺到五百元，之後日收入都賺七百元以上，大概是當時公務員五倍以上的薪水。其實，我一個月內就回本了，甚至還打敗旁邊「祖傳三代的冰飲攤」。沒多久，父母都來台北

幫我賣楊桃冰，我在陽明山信用合作社分行開了一個戶頭，我要母親不要把太多現金放在身上，每天一定要在三點半前把現金存在銀行。存到後來，行員忍不住問每天都帶一堆現金來存錢的母親：妳家到底是作哪一種職業，每天有這麼多的現金可存？

賺錢賺得這麼爽快，我甚至開始幻想，「從此靠著賣冰水，過著幸福快樂的日子。」**我始終相信人是一種勞碌的動物，當人開始想要安逸過著日子，老天爺偏偏要給你一個考驗，要你就就業業在轉折點上給你「重新做人」的機會。**

我的生意向來很好，有一次大熱天的下午，有五、六個客人來到我這買冰，就站在我的攤前喝，頓時我的攤位熱鬧不已。通常我會讓客人解渴後才付錢，正當我忙得不可開交，繼續招呼著其他客人時，突然聽到我的攤販朋友

們喊著：「條子來了，快閃！」通常我的手腳俐落，幾秒鐘就能把攤位收拾整齊打帶跑，但是這天偏偏警察兩面包抄，直逼我們這幾個攤位過來。我的客人喝到一半還沒收錢，我逼他們收錢也不是，趕著收攤也不是，拖拖拉拉之間就被警察開罰了。

雖然我很愛賺錢，但是到了節骨眼不會跟公權力過不去，警察決定扣押我的攤車，只好乖乖就範；總不能教警察把攤車推回警局，當然是我一個人推著攤車隨同警察被押到士林分局裡。

雖然擺攤也不是偷拐搶騙的事端，但是被開罰仍讓我羞愧不已，一路上攤商到路人都看著我指指點點，不論他們出於關心或是單純看熱鬧，我當下真希望有洞能鑽，當作什麼都沒發生過。

　　到了警局後，我突然想到了，掏出了身上的一張名片，遞給警察先生說，這是我朋友的名片，如果還有什麼需要處理的，我稍後可連繫他嗎？警察先生一看到這張軍官客戶的名片，原來頤指氣使的態度，有了很大的轉變，帶著笑意告訴我：其實擺攤也沒什麼大不了，他們的職務就是要定期掃蕩攤販，也是不得已的，希望我不要太介意。說完就揮揮手，叫我帶著攤車離開了。

　　就這樣，我推著攤車，當天也不想再做生意了。天色已黑，我躂步回去時思量：早就聽說這個社會「有關係就沒關係」，但真正遇到了，才知道其中的利害關係。

　　但是我不怪當天抓我的警察，感謝他們抓了我、給了我一些體悟，要不然我可能就安逸好幾年繼續賣楊桃冰，因為從那一刻起，我就決定不再過這種生活。

　　當我們盛怒、沮喪時，會用特寫鏡頭來強調自己的悲哀；但是隨著時光流逝，我們看待自己每一段成長歷程，卻像長鏡頭看待當時所經歷的一切，很多事其實沒那麼慘，很多事也沒想得那麼好，總括一句，竟是淡淡的人生滋味。

2-3
沒有好學歷，唯有勤快加上記憶力

　　父母曾經告誡我和妹妹，不管做任何事情，手都不能被綁在背後（作奸犯科被扣上手銬）。經過這次被警察取締的事件，我醒悟總不能永遠當個小販，雖然錢很好賺，但是找個正常工作、當個規律的上班族，至少能免除「不知哪天會被抓」──不安、沒自信、偷偷摸摸的心情謀生。

　　此外，父親認為我也到了娶老婆的年紀，該有份正當的工作，或許，這個挫折就是老天的安排，逼使我決定找一家有前景的企業上班，就算收入比以前擺攤少了很多，但非改變不可。

　　你也有過不如別人，甚至看不起自己的時刻嗎？請珍惜每一次遇到挫折的當下，反思可以做哪些改變。也許，這段曲折因此成為人生的轉捩點，就看你怎麼去想。想通了，又是一條嶄新的道路。

換個位子，你真的得換個腦袋

　　我只有高中畢業，要進入企業發展的最佳選擇，莫過於「業務」職務；此外，我擅長銷售技巧和拓展人脈，這個職務是我的強項。所謂大樹底下好乘涼，我於是挑選大企業應徵業務工作，選擇了當時的股王——東元電機。

　　由於我是嘉義人，很自然被分派到東元電機雲嘉地區分公司。現在回想起來覺得很幸運，雖然它早已不是股王，也不算是熱門股，但是在當時它的確具備很多模範企業的要件，它因長期和日本合作，包括後來跨足服務業，

受到日本企業文化的正面影響。日本企業文化的特色之一，就是對顧客服務的體貼與尊重，而且深入許多細節的日式管理，確有過人之處。

在這之前，我的工作是自己當「老闆」，不論要幾點上班、想賣什麼產品，都是自己說了算，但是到企業當員工，就得調整心態去服從老闆的想法，以及遵從公司的文化。就像台語所說：「裝神要像神，裝佛要像佛」，如果還停留在過去的思維，「我以前公司都怎麼規定的」、「我從來沒遇過主管要這樣管理的」，那你就得被打槍了，沒有一個主管或老闆希望你緬懷過去的經驗或福利，充其量他是要你過去的戰鬥力和職場優勢轉到目前的職位。**如果你一直往後看，怎麼會有前途呢？**

我非電機相關科系畢業，對家電一竅不通，公司僅提供五天密集員工訓練，要求我們要掌握每個家電的型號、

代號、尺寸和功能等，並非易事。剛進企業的我，絲毫不敢大意，只要逮到時間就猛背公司的產品資訊。背到後來，我甚至連競爭者的型號特色都能掌握，每當經銷商拿別家的產品說嘴時，我就能一針見血地說，東元家電的產品何以具有優勢，逐漸說服經銷商轉賣東元家電的產品。

多虧我記憶力強，從電視、冰箱、冷氣機型錄上所有的資訊都記在腦海裡。短短一年內，我就幫公司在雲嘉地區的經銷商從五家迅速增加到八家，主管也對我另眼看待。

「勤記」，讓你在職場上無往不利

所謂勤能補拙，就我的觀察，聰明的人更懂得「勤」，讓自己變得更聰明。在職場上，多用點心熟悉與熟記專業領域的知識，會顯得你很用心、也很適任這份工

作；不論在主管或客戶眼裡，你就會散發專業的光芒。請大家回想在求學時代或職場上，總會有一兩位同學或同事的記憶力超強，令老師和老闆留下深刻的印象。

我不得不說，人與人之間的相處，有些長處的確是非常占便宜的，第一是外表好看，第二是愛笑嘴甜，第三就是記憶力強；坦白講，這些長處跟實力沒有太大關係，卻是搶進職場升遷快車的車票。也許有老實的讀者抗議：我只要發揮專長就好，何必做這些形象的工夫？這實在太假、太矯情、太虛偽了，我做不來！

且慢，請各位用謙遜的角度思考：外表代表你認真打理專業的形象，笑臉迎人代表你重視對方的感受和態度，而「記憶力強」的背後，代表著你對某些專業的人事物的訊息很用心，這些所謂的「討巧」作為，正顯示你是一個用心的人；正因為你在意良好的表現會帶給別人便利與愉

快，怎能說虛偽？反而是我行我素、自以為很「真」的態度，誤解了努力的真諦！

進職場的第一年，建立好習慣，數字會說話

　　我對於記誦資訊的工作習慣，一直持續到現在。到我後來成為專業的投資人、股市分析師時需要記誦相關數字，我沒有別的訣竅，除了熟記還是熟記。人有無限潛力，當你開始把記誦數字當成習慣後，就能夠記更多——所以我也不知不覺連小數點後兩位的數字，也記下來。

　　或許有人問，需要這麼精確嗎？坦白說，背誦到後來是一種追求更精確的完美，另方面我認為這樣比較專業，如果表達同樣一個數字，甲說大約20%，乙卻能提出19.08%，相較之下，乙更能顯示出掌握資訊的精準度，予人「這是有憑有據，有數據就有證據」的感受。

　　直到現在，我已經是個財經媒體人——每個月十場演講、每年上百場演講，加上每周至少三天主持節目和通告的行程，我每天都必須要在觀眾面前「言之有物」、「妙語如珠」，都得花費許多工夫，才能在每次的「演出」表現得流暢自然。

　　我到了知天命之年，大部分人到這個年紀都已退休，早就不想去記憶新知的年齡，我卻要這麼「勞碌」，跟年輕人一樣理解與背誦，想起來還真感慨啊。但是，我的個性就是很樂於學習，即便已經很上手，我還是很戰戰兢兢逮到機會就認真的背誦、記憶、筆記、整理。再加上我早已脫離有車階級，出外幾乎以大眾交通系統為代步工具，能夠背誦的機會更多了；不論是坐捷運、公車、高鐵的車程時間，都是背誦演講內容或準備主持內容的好機會。

　　我從不因自己的學歷低，就放棄學習的機會；相反

地，我更珍惜跟不同領域的專家和達人請益，掌握更多知識和資訊。我也不會倚老賣老，就不願輸入新知，相反地，就是因為年紀大，才要不斷活用才不會老化。

我奉勸年輕朋友，不論你多厲害，一定要勤快記憶專業的內容，既然你已經懂得這麼多，何不再多花一點時間去精熟內容，不只是懂，而能通，不僅能通，而能輕鬆運用，成為不自主就脫口而出的專業？

現代人難免成為滑手機的低頭族，但是許多朋友不知不覺追逐著別人的生活動態，卻忽略把這些零碎的時間，大可用來建立專業，或是發展志趣，不是很好嗎？

剎那的想法，累積起來硬是比人強

我在東元電機做業務的那段期間，除了隨時記憶外，

讓我快速受到老闆重用的原因是我擅長和客戶交談訊息，而且兒時累積的道地台灣古諺，比起同年齡者懂得更多，所以能和長輩客戶更有話聊，別小看這點，當時南部市場就是需要這些搏感情的撇步，慢慢建立和客戶的關係。

　　此外，如果主管或客戶有什麼想法，我一定馬上記下來，而不是聽聽就罷！我們每天要跟許多人交談，每次談話多少都會有些收穫和重點，如果不記下來，當天從筆記中去回想與反省，那就可惜了今天這個談話的機會。長期下來，這些筆記成為你跟主管報告的重要依據或佐證，逐漸把零碎的收穫整合為有條有理的心得，是非常可貴的。

　　即便到現在，我經常隨時筆記突然想到的靈感，不論坐公車或捷運時，一想到什麼創意或好句子，就怕一閃即逝，趕快掏出紙筆或在手機把它記下，也許是作節目的主題、角度，或是適合邀請的來賓，或只是單純一句傳神的

話，足以描繪目前某個財經生活議題，都值得我寫下來。

　　近年來，有很多報章雜誌紛紛報導「筆記成功學」，意即不論考試榜首、傑出經理人或創意大師，他們普遍都有個好習慣，就是隨時記筆記，把這些經驗、智慧和創意累積起來，就能發揮不可思議的力量。這點我很能認同，因為我已實踐了三十幾年。

　　成功學家奧里森・馬登說：「好的習慣讓人立於不敗之地，壞的習慣則讓人從成功的寶座跌下來。」不妨就從現在起隨時筆記，透過這個小小改變，你會比別人更快成功、更快達到夢想。

2-4
買股初體驗，人生也能三級跳

　　民國六十五年，我在東元電機擔任嘉義地區的業務員，我當初薪水不過四千九百八十元，看到同事每個月都從股市賺超過兩萬元，彈指之間就賺了四個月的薪水，我羨慕得不得了，決定跟進。

　　我拿了四萬五千元到證券公司開戶，還記得把這筆標會標來的錢存進去，那種興奮喜悅的心情。我經常在證券公司看到有個阿伯，每天盤後都拿這六十檔的股票漲跌用方格紙畫K線圖，認真的程度就像是要考大學般的中學生，吸引了我的注意。由於我經常奉菸跟他請教，按他所教的去研究，居然買了十幾檔股票都檔檔賺錢，我深信遇

到貴人了。

不久之後，我摸索出道理，不到半年我就賺了五十萬元，後來大膽採用融資方式買股，賺得更快了。那段日子，覺得我人生的財富就像坐特快車，每天清晨先看報紙，再抽空到號子看盤，手氣好到買什麼賺什麼，終於找到發財的終南捷徑，年少輕狂自以為富貴逼人，每天都有輕飄飄的感受：怎麼這麼晚才發現自己有投資天份呢！

挫折，是年輕人最好的禮物！成功，是年輕人最壞的導師！

我有個客戶是某家電器行的少東，和我往來生意久了，知道我很會買賣股票，決定拿出五十萬元給我操盤，一半借給我，另一半是他的錢拿來投資，談妥我開三張支票質押，輸贏各半。我爽快地答應，依照目前的行情，他一定會感謝我的。自以為天縱英明的我，卻沒想到竟遇上

一件大事，中華民國和美國斷交了。

民國六十七年十二月十七日，我還記得攤開報紙一看，整個版面都是黑色的字體，只有八個字是白的：「莊敬自強、處變不驚」，早上九點一開盤全部跌停，我的手心都沁出汗了，每天跌停板賣都賣不掉，到了第五天，這筆五十萬元已經都賠光，又因為被斷頭而變成負四萬元；請各位想像，當你手邊有將近一百多萬資產，一夕之間，全都化為烏有，誰還能處變不驚？

雖然我從小窮到大，但是還沒遇過欠債這件事，頂多是湊合著過日子，這是我第一次欠債，負債金額高達23萬5千元，靠薪水還債需要不吃不喝四年時間，絕望時心中只有兩條路：一條叫作「跑路」、一條叫作「絕路」。第一條路我是不會走的，從小家訓就是要對自己的行為負責，但是第二條路會讓父母傷心的，那只好走第三條路：還債。

　　《菜根譚》說，窮無所謂，生活清淡而已。要回到簡單生活，對我來說是很簡單的事，我決定振作起來，先把本業顧好，再用兼差的方式還債，我知道這是一條漫長的路，但是該負的責任，是無論如何也逃離不了的。跌倒並不可恥，可恥的是每一次跌倒的時間姿勢都一樣，所以我決不讓這次經驗打倒。

　　此外，我還非常感謝蘇老闆，這次賠錢的經驗他並不怪我，要我安心慢慢還也不遲；萬一他兌現支票，我將違反《票據法》坐牢三年，他卻選擇相信我會還錢。

只有挫折過，才知道學會珍惜

　　我很憐憫被錢逼到絕境的人，因為我曾經歷過那樣的心路歷程。很多人看類似的新聞，都會說「哎呀，錢再賺就有了，何苦把自己的命來賠？」「怎麼不先想想家裡的

人，就一了百了？」聽到這種說法，我都會跟對方說，我相信您很幸運，從未遭遇被錢逼到山窮水盡的經驗；我當時之所以沒做傻事，只能說我平常心態就很健康，雖然鬱卒到極點還能撐住；通常一個人被債逼到死角，真的很容易做出瘋狂的事，誰還能理性做決定？

那段時間，我刻意避免去海邊或到高樓大廈。有天我看到報紙廣告，寫著「殯儀館徵洗大體工人，薪酬從優」，我打去館方問價錢，洗一具是八百元，聽起來很心動；我接著問是幾個人一起洗？我想，幾個人一起洗就能壯膽，不會那麼害怕了。沒想到館方說，「啊，少年仔，這個價錢當然是一個人洗！」我掛上電話，放棄這個機會。

當別人不信任你時，更要證明自己

　　屋漏偏逢連夜雨，我的主管消息靈通，知道我股票慘跌的消息，由於業務每個月經常要收一百萬元以上的貨款，擔心我會受不了誘惑捲款而逃，於是把我從雲嘉分公司的業務工作，調到台北淡水工廠擔任行政的工作。自認為很會做業務的我，聽到這個派令十分忿忿不平，這種職務調動擺明不信任我的人格，要我走路，我要如何待下去？

　　我告訴父親，我不想再做這份工作了！我是隻老鷹，公司有多少南部的業務是我打拚出來的，我只是私人理財出問題，卻忘了我曾經創下的績效，要為此付出代價；要把一隻老鷹關在雞籠，要牠不能飛，只能學雞叫，我怎能忍得下這口氣？

　　父親聽了我的抱怨，慢條斯理地說，在這艱困的節骨眼，更不能隨便辭職。沒多久，全球發生第二次能源危機，石油每加侖漲到二十幾美元，台灣的經濟再次受到重創。記得那次過年公司未發年終獎金，只有發東元家電提貨券，同事們的心情悶到極點，我靈機一動就跟同事便宜收購提貨券，我的家電成本七折，賣給其他電器行八折，現賺10%，頓時發現過年可還給蘇老闆一筆錢。

在感傷中放下過去。在痛苦中鞭策未來。
在等待中砥礪自己。在樂觀中迎接黎明。

　　由於我對家電產業非常熟悉，跑去買家電倒店貨的周邊商品，好比電器用膠帶市價五元，但是我跟倒店的商家掃貨，一條只要一元，雖然金額看起來不多，但是投報率很高，轉賣出去又是一筆錢，後來我才知道，那叫作「切貨」。

　　漸漸地，我不斷努力找賺錢的良機，也隨時和我的債主保持良好的聯繫關係──讓他知道我都在努力攢錢、盡快還款，負債的痛苦很快就轉為人生的目標。我不久發現，隨著國民所得提高，很多父母關心兒童的視力問題，願意在家中電視裝設一個護目鏡，我找到適合的壓克力工廠合作，一片成本五十元，利用下班時間自己幫壓克力貼隔熱紙，一片一百五十元賣出，以壓倒性的低價格讓許多經銷商願意買我的貨，又是一筆帳。原來，路是人想出來的！

　　由於我到工廠上班的時間規律，下班後：夏天裝冷氣機，冬天我就載著摺疊桌，騎到夜市販賣女生用的飾品，除了上班的薪水外，我每天晚上能賺三百到五百元，漸漸地我發現自己償債的目標快要實現，有種否極泰來的心情。

　　我初入股市時，曾懷疑「買股票，會讓人生三級跳？」而我真正實踐後，十分自信變成「買股票，真的會讓人生三級跳！」，而經歷過這段慘賠初體驗後，我的心情更淡泊，就算買股真的能翻轉人生，那也是另一個試煉的開始…。

Part 3

人生起起落落，
窮過苦過就不難過

3-1
從問題找到利基點

還債的過程中，我想賺錢想到瘋了，只要聽到任何訊息，就會思考是否「有利可圖」。

我在東元淡水廠服務時，曾經聽到公司內部抱怨，委託裝卸貨的廠商工人經常把出口的電腦終端機、電視機用「摔」的丟上貨櫃，因此國外客戶驗貨時，常看到有幾台螢幕都破裂或毀損，長期下來造成公司的嚴重損失。

國外課同仁反應到倉儲課來，聽到這些抱怨，我就自告奮勇地說，「不如把搬運的費用留給我賺，因為我是公司的員工，一定會把每個電腦終端機、電視機都妥善搬

運，照顧好好的。」

　　主管想了也有道理，不再跟廠商續約，就把裝卸任務交給我，我利用下班時間另找三個同事協助我，把五百四十台的電腦終端機，裝上二十呎的貨櫃，二十呎的貨櫃搬運費是 600 元，每次搬完我會跟這些同事均分，謝謝他們。等他們離開後，我再小心翼翼地在倉庫裡整貨，通常會忙到三更半夜，就匆匆在宿舍裡簡單盥洗後，倒頭就睡。

　　住在宿舍的好處是可省下房租，但生活是標準的夏悶熱、冬酷冷，而且又有跳蚤，每天早上醒來，手腳到處被咬的像紅豆冰，但是為了省錢、賺錢，也只好忍了下來。當時我睡在下舖，我在上舖床底貼著一張海報，是一輛漂亮的賓士車，每晚睡前除了反省禱告外，就是自我催眠，我一定要賺錢買一台犒賞自己。累積下來，我每個月可以

搬五十到六十個貨櫃，可以運動和賺錢，又有地方住，只要能快速還款，又有什麼關係？離還款的日子又更近了些，忙碌的日子總是過得特別快，雖然辛苦但有夢最美，讓我暫時忘掉還身背負債。

只要有問題存在，就有賺錢的機會

　　老天爺很有意思，對我開個玩笑（中美斷交，導致台股慘賠欠債），又給我機會來還債。我記得公司隔年沒有發年終獎金，只給我們公司員工提貨券，大部分的員工都已經有公司的產品，當年家裡有一台冷氣已經很稀罕，有誰會需要第二、三台？同事聽說我願意以七折、八折的方式收購提貨券都很高興，紛紛賣給我，我再另找通路轉售。

　　過陣子，我又聽到同事間經常抱怨：好心幫親朋好友

買自家產品，結果親友事後發現，員工代購的價格竟然比經銷商的零售價還要高，「早知道還不如不跟你（員工）買」。這些同事覺得很冤枉，明明這已是公司內部給的最優價，做好事還被雷親。

我知道同事們真的很無辜，因為他們的門路只有公司內部，除非是像我經常跟經銷商打交道，才知道去哪裡買…，我突然靈機一動！機會來了！如果我能服務這些員工的親友，那不是很好嗎？由於我認識很多批發商，能拿到比員工價（75折）更優惠的批發價（58折），所以我就幫同事的親友做了轉介的服務，以65折的價格賣出，每台冷氣機就可以賺個兩千元利潤！

但做買賣冷氣機只服務到一半，是否還可到府安裝，賺工程服務的錢？

我請一個裝修師傅在工廠裡擠出半小時教我安裝冷氣，現在想來真不可思議，我沒念過機電工程、不懂機電技術，更沒想過220伏特，在沒有專業訓練下，一旦發生意外，會對我的身體有多大的傷害？

我為了要快速賺錢，不僅學會賣冷氣、還學裝冷氣，一條鞭賺夠夠。這在銷售與服務上，通常是兩個部門或事業單位的人負責，或許正因為窮苦，讓我咬著牙兼做買賣與工程人員，或許這就是天將降大任於斯人也，必先苦其心志、勞其筋骨、餓其體膚，空乏其身，增益其所不能吧。

那年夏天的周六和周日，我們父子兩人騎著摩托車，穿梭於巷弄之間，忙著配送安裝冷氣機這樣度過。記得某個周六下午，到台北幫一家有錢人裝冷氣，我要裝設時，太太還說「喂，小心點、小心點。」我以為她是擔心我的

安全，後來就聽到她接著說，「小心不要把地板的大理石給弄壞了。」我後來學乖了，每次到客戶的家裡，一定脫鞋後，先用腳踏墊鋪好，還記得帶很多大條的舊毛巾鋪著，完工後會來回擦得很乾淨，確認施工附近是否完善，才跟父親向客戶鞠躬，說聲謝謝，帶著滿身的疲倦回家。

　　由於我價格便宜、服務好、物超所值，光是靠口碑我就裝不完，當然也賺了不少錢，某一天週六我和父親從下午兩點裝到半夜兩點，已經是當天裝的第七台冷氣機，這段期間我和父親因為趕場，都沒時間吃飯，更因為天氣燥熱，吃不下飯，所以我們就只能喝果菜汁撐過，喝完就繼續裝冷氣，宛如身體是鐵打的。

　　當日最後一個行程，是在紅樹林附近的別墅，抵達客戶家已經晚上十點多了，照理客戶會同意隔天一大早再施工。然而，因為客戶的女兒隔天就要回國待產，但是懷孕

的禁忌是不可在家中敲敲打打，所以我和客戶都有時間的壓力要趕快把裝設的工程完成。

這戶人家一裝就是裝三台。我和父親裝設冷氣時，客戶還不忘提醒我們，她現在就要從美國上機了，希望我們手腳快點。我因為十幾個小時沒吃飯，加上體力虛脫，汗衫濕透了背，卻不知不覺乾了，又不知不覺濕了，到後來是麻木的做下一個動作，還記得我到後來敲鋼釘時，拿榔頭的手都在發抖，是靠意志力才一根一根敲下去的，最後終於不負使命，在兩點多完成，回到板橋家已經三點了。一路上我百感交集，因為我一念之失，害的年邁的父親，陪我受罪，一方面也感謝家人無怨無悔的支持，不禁紅了眼眶，我默默發誓，我一定要給父母過好日子。

機會永遠靠自己創造

　　還債的過程中，愈來愈沒有想像中那麼的辛苦和遙不可及。一年多了，我安裝了兩百多台冷氣，當夏天過了，想要裝設冷氣的客戶減少了，我就利用下班後再去擺攤，買了一張摺疊椅和批發了一些女性飾品，到各地夜市叫賣，一天可以賺二百五十到四百元；換算成今日的幣值，大概有一千元吧。

　　古人說因禍得福，「山窮水盡疑無路，柳暗花明又一村」。真是有道理；原本收到公司的通知說我要調到淡水工廠，我擔心慘了，這下子賺錢的速度更慢，沒想到山不轉路轉，居然讓我找到賺錢的機會，反而很快就還完，還開始談戀愛了。

　　被公司調到淡水工廠後，我認識了當時的廠花（就是

我現在的妻子），她告訴我她到淡水逛街一次的花費約一百五十元，我說我每晚擺攤倒賺三百元，這段對話在上班聊天時聊到，她週末回新店家時，跟家人聊到單位一位男同事，勤奮、節儉、又愛錢，長輩很高興地說，對啊，要嫁尪就要嫁這種實實在在、願意拚經濟的男人。後來，我又藉機認識她的父母親，彼此相談甚歡、獲得肯定之後，我才正式以一天一封的情書追求她。

　　無債一身輕，把債還清的那天，我記得天空好藍好晴朗，肩膀的疼痛頓時都消除了。當我把欠給蘇老闆的錢，懷著感激雙倍奉還給他時，我恐怕比他還高興。我很感激他當時沒有把這些支票兌現，否則當年的我一定得坐牢，所以還他兩倍是應該的，也是做人的基本義理。若不是當年他對我的仁慈，我哪有今天？所以我不敢辜負他一番心意，因此至今我們仍然是好友。**人生要拚的資產有很多，信任值千金，千萬要穩固經營令人信任的個人品牌。**

　　好景不常，這時母親卻被宣布得了子宮頸癌零期，因為發現得早，所以只要開個刀通常可以治癒得好，沒想到我們住進中興醫院等了一個多禮拜，卻沒有下文。我和父親正在醫院的走廊上低聲討論，一個打掃的歐巴桑聽到了，好心地提醒我們要送紅包，要不然就排不到刀。我的腦中立刻浮現起那位軍官給我名片的故事，有關係就沒關係，沒關係就有關係，只好請父親當天晚上送錢到醫生家，第三天就順利為母親開刀，治療後只要定期追蹤，多休養就可以了。

　　現在這種送紅包才肯開刀的陋習，已經逐漸少見了，不過在各行各業中，靠關係行得通的例子是絕對不會少的。靠關係有幾種，第一種是用錢買通，那是最單純的；第二種是就算你有錢，也不知道要跟誰買通，是所謂的認人行事，那就是人脈與交情；第三種是最厲害的，別人是認你這個人，不是因為你有多硬的背景，而是你的社會地

位、名望清譽，別人還巴不得有機會搶先對你貢獻示好。

隨著社會愈複雜，人與人的利害關係愈來愈多元，已經不是單純的給錢或不給錢而已。經常被人詬病的土豪，無非就是以為有幾個臭錢就能不用作事、甚至不用坐牢等，在這個全民狗仔的社會，想要靠權勢為非作歹而不為人知，恐怕愈來愈不易了。

相反地，如果你沒有什麼關係可靠，那就先經營自己，至少先讓自己有好能力、好人緣，因緣際會就要多請教長輩和前輩，若是價值觀相投就結個善緣，靠自己去創造機緣。

但是當年，我母親沒有這樣的好運，即使子宮頸癌獲得控制，卻在三個月後發現她經常咳嗽，甚致氣喘，我帶母親去長庚醫院檢查，卻聽到晴天霹靂的消息：母親已經

是肺癌第二期，只剩下最多一年的壽命…。我聽到消息後完全傻住，哪有可能？

　　經過一番瞭解，才知道醫生很早就叮囑母親要經常回診，接受放射治療，或許是因為先前我忙著還債，馬不停蹄工作的關係，不想讓我心煩才沒告訴我。而她因為沒有勞保，為了省錢而便宜行事，居然都沒回診追蹤自己的健康。

　　想到這裡，我愧疚得淚流滿面。我來不及變有錢人，讓母親像一般人有病就醫，不會為了省幾塊錢而對我隱瞞醫生的囑咐；我太忙於工作，沒有撥空來瞭解她的身體狀況。我一心一意想讓父母過好日子，但是，一切都太晚了。

　　母親生前最後一個願望，是在她有生之年看到我娶妻

成家，還好岳家體諒我的家境和在病榻母親的心願，短短幾個月內願意把女兒託付給我，讓我和妻子成婚。這場婚禮簡單而隆重，母親對我的心願，是笑、是淚、是安慰；岳父和岳母對我的心願，是瞭解、理解與諒解。

結婚之後，母親不久就過世，我也剛好決定離開東元，當一名專業的投資人，這又是人生另一個轉折了。

3-2
最弱項，也可以是人生最強項

　　民國七十一年，我決定從哪裡跌倒，就從哪裡站起來，由於太太在東元總公司上班，地利之便就選擇在附近遠東證券開戶，這是我二度涉足股市，一切從頭開始，我告訴自己，我絕不能輸。於是到七十五年整整五年的時間，我白天操作股票，下午延續老客戶的口碑，買賣家電和安裝冷氣；整體來說，這段時間是我真正全職在股市練兵的期間，對我來說是另一個轉捩點。

　　前四年台股小幅震盪沒有太大行情，卻是我累積投資經驗的好機會；盤整行情幾乎檔檔小賺，反而會有判斷能力的盲點。這段期間我買很多書，上了很多課，當然也比

較常出現在證券公司，和其他投資人交換意見。投資人有百百種，我是屬於比較外向，喜歡和他人交換意見的那一種；雖然每個投資者有個人投資哲學，但我始終認為透過與高手切磋交流，才能快速提升實力，閉門造車久了會產生嚴重的投資偏執，並不是好事。

危機入市，從台下到台上

民國七十四年二月，台灣繼「江南事件」之後，又爆發了震撼台灣經濟、政治以及衝擊到整個台灣社會的「十信」事件。這是光復以來所發生的「最大金融風暴」。台股由969點暴跌至636點，市場哀鴻遍野，有一天週六太太回家，告訴我遠東證券後面，有一間房屋出售，與父親當天下午看屋、出價、成交，當時股市房市一片低迷，過一年多民國七十六年，股市扶搖直上，我竟然買在當時的最低點。無意中應了巴菲特的投資哲學，「危機入市」，

是無心插柳柳成蔭？還是時來運轉，輪到我出運了！不久從板橋搬到台北市。我每天到遠東證券去看盤，久而久之，這裡的股友就叫我「小賴」，說我股市分析很有道理，於是收盤後繞在我身邊的股友也愈來愈多。

股市名人蕭明道當年和友人合作開發了第一套台股盤後分析系統，當時電腦286剛剛出來，他們為銷售軟體策畫了證券研習班，到處尋找適合的講師來為股民講課，他當年的構想，如今看來都是創新之舉，不知道他是怎麼打聽到我這名小人物，聽了我私下股市分析後，非常豪爽地開價一堂課五千元，要我當起股市「賴老師」！

聽到這位比我年輕卻有創見的老闆邀約，我真是受寵若驚，倉促之下答應後卻開始躊躇，台下講不如上台講，因為跟股民分享是非常輕鬆、沒有壓力的互動，但是上台講面對著數十雙眼睛，這可不是說著玩的！允諾的當天晚

上，我想起了小學不堪回首的一次上台，真的想反悔，但內心深處卻又有一個聲音告訴我，這是個難得的好機會，心中躍躍欲試，我終於可以站在台上分析股市，輾轉反側內心掙扎，這一夜我失眠了。

可能因為我從小家貧自卑，加上家教很嚴，我在校總是非常安靜內向，有一次老師因為我成績好又有禮貌，要我代表班上去演講比賽。比賽前演練，我一上台就腦筋一片空白，吞吞吐吐的講了幾句話，就紅著臉草草下台，我還記得老師眼神掠過一絲失望，後來改由鄉長兒子代表比賽，我對自己表現不爭氣，無法代表班上這件事而內疚不已。即使我平時樂於跟別人打交道，但是「上台演講」這個挫敗感延續了好幾年，始終是我的痛點。

然而，蕭老闆開了漂亮的價格，給我這個名不見經傳的小人物機會，若不懂得把握，那不是太傻了？伸頭也是

一刀，縮頭也是一刀，不如就勇於上台吧，我決定作最好的準備，來因應最壞的打算。

所謂「最壞的打算」，就是當我完全不知道說什麼的窘境，「最好的準備」，就是擬一份詳細的演講稿，詳細到連開場白的打招呼、結束的每一句話，都逐字寫下來。很瞎是吧？一般演講內容只要把架構、案例、數字記下來，以條列式寫出就很了不起了，但因為我對自己沒有信心，所以只能作最好的準備。

我利用幾個晚上的時間，把打算講話的逐字講稿足足寫了十二頁，當天來了五十個學生，他們抬著頭等待我股市分析有哪些牛肉，以及附帶「一定準」的兩到三支明牌的殷殷期盼。我緩步上台，結果我最不想見到的情況，居然又重演了！大概有三分鐘的時間，我完全無・法・思・考，兩腳都抖個不停，這三分鐘可說是我人生最長的三分

鐘了，我從餘光中掃到他們面面相覷，有的無聊地看手錶，有的甚至交頭接耳，誰能救我呢？

　　唯有最好的準備能夠救我。

　　我木然的拿出那十二頁的講稿，開始逐字唸了起來，羞得不敢抬頭，所幸後來愈念愈穩，也把演講該有的抑揚頓挫給帶了起來，最後終於在兩個小時內，把這份稿子給唸完了。這場「演講」結束後，我鬆了一口氣，卻有點難過，沒想到有些股民聽完我的分析，在現場繼續拉著我問一些問題，我像如魚得水般，調整到「台下聊」的頻道，和聽眾拉張椅子互動了起來，那個活潑的小賴回來了。

　　更令人滿意的是，好在我報給聽眾的兩三檔，隔天都漲了不少；從此以後，大家不再叫我小賴，而是叫我「賴老師」。我也從那次失敗的經驗裡，慢慢找回自信和成功

的方式，逐漸擺脫逐字演講稿的配備。

由於蕭老闆的講座愈來愈受到歡迎，他企畫了每天早上八點二十到五十分解早盤，下午一點到三點解午盤，各找不同的老師來主持解盤，我分到的解盤次數總是超過別的老師。為此我特意觀察我和其他老師的解盤有何不同，我發現每個老師各有所長也各有特色，但是我的聽眾笑聲總是多了些，可能是因為我很會講台語的古諺，我借用了祖先的智慧，把艱澀的總體經濟及無聊的數字和技術分析，穿插人性的比喻以活跳的台語道出，每一小段就會穿插其中，讓聽眾聽得很有興頭，久而久之大家就愛來聽。

講台語和講理財哪有關係？當然沒關係。但是只要解盤的效果好，就值得拿來娛樂大家，因為看盤前後是會緊張的，數字上下都左右著自己的荷包進出，所以透過幽默的解盤來緩和剛剛的激情或鬱悶，並且帶給他們明天新希

望，是很必要的專業療癒，蕭明道是引領我步上演講之路，也是我人生無數貴人之一，至今我們仍是麻吉朋友。

戰勝自己，打造人生的轉折點

總結我在當時兩年多的時間內，總共演講超過了一千場，奠定了我是可以成為上台演講的老師！這件事翻轉了我的人生，我從一個上台會發抖的小學生，成為可以面對千人演講、電視機鏡頭侃侃而談的主持人。人的潛力真是不可限量，更不要說，我現在居然成為靠嘴巴吃飯的分析師和主持人，如果我的小學老師還記得我，應該不敢相信我就是當年那個賴憲政吧。

美國前總統林肯在歷史上留下了許多膾炙人口的演說，匹茲堡宣言是林肯最著名的演說，以不足三百字的字數，修辭細膩周密，其後成為美國歷史上最偉大的演說之

一。很多人可能不知道，出身於貧苦的林肯，幾乎沒有受過什麼學校教育，可是他刻苦自學，在28歲那一年成立了一家法律事務所，因而步上了成功之路。他年輕說話口吃，不像英國前首相柴契爾夫人自小就跟父親耳濡目染，口才一流、說服能力很強，連當時保守的以男人為主的政治圈都拿她沒辦法。林肯為了克服這項弱點，對著大海練習千萬遍，到後來有許多知名的演說都感動了國人，成為美國最令人懷念的總統之一。

電影《王者之聲》描述英王喬治六世克服口吃的問題，在二次大戰發表震撼民心的演說，劇中對此有深入刻畫，這個激勵的故事也值得一看。台灣知名的流行音樂天后蔡依林，也對外表示她原本完全不會舞蹈，跳舞只會做出同手同腳的動作，簡直是舞癡；但是追求完美的她，自嘲是「地才」，為了要在流行樂壇超越自己，她做到了很多高難度的挑戰，甚至超越一般舞者的極限，只要她有演

唱會就會製造新的肢體表演話題，讓人期待這次她又會推出哪些令人驚艷的舞蹈創作。

破題如剪刀，結尾如棒槌

從不可能到可能，是人生很大的鼓舞，但這只是起點，要讓人持續看你的「演出」，得不斷學習精進才行。即使我現在的演講或上節目的機會很多，但是我都會當作是第一次演講、第一次上台的心情，多多少少也會有些緊張，我只要緊張的當下時，一定會做好兩件事：

第一，先把要說的前三句話反覆背誦，最好到倒背如流的境界。好的開始是成功的一半，只要有個漂亮的開頭，生動的故事，加上幾個噴淚的笑話下來，一旦起頭抓到開場的節奏，接下來自然順暢如流水。第二，深呼吸。這雖然是老掉牙，但是絕對有效，若有點緊張就深呼吸幾

下，若非常緊張的情況下，狠狠深呼吸一分鐘後，身體自然就會放鬆許多，頭腦也就跟著清晰多了。

還有現在做節目的節奏愈來愈快，不容許過度的鋪陳，必須要在段落就有達陣的重點，別以為這樣做節目比較輕鬆，可說比較少話，正好相反！因為要在短時間讓發言更有「爆點」，做節目或演講前所需的準備工夫要更甚以往，才能知道如何在半分鐘內做完一個梗、十秒鐘說到一句標題，坦白說還真難。

林肯總統說，如果有人請我演講兩個小時，我不用準備；如果要講一個小時，我得準備三天；如果準備三十分鐘，那麼我至少要準備一個禮拜才夠。這說明愈短的演講必須愈精彩，但因為時間很有限，更不好完整鋪陳。

爭輸贏，不如回頭看自己的優勢

　　說話，是我這輩子極大的轉折點。我從「不會演講」到「靠演講謀生」，甚至到現在，我還在學說話，必要時還得跟年輕人搶話，每一次的轉折對我都是很大的歸零與學習。我還記得我剛上電視受邀分析股市時，根本比不上旁邊的年輕名嘴，他們不僅口齒伶俐，甚至各個俊男美女，我這個「初生之犢」哪比得上他們的節奏，準備好的話到嘴邊又被搶走發言權了。

　　回家後我和小兒子邊看電視邊討論，如何才能讓觀眾印象深刻，如何在帥哥美女中脫穎而出，小兒子反問我，每天節目後你還記得那位來賓的發言，所以除了最基本的言之有物外，能整理自己的發言，把複雜的內容越精簡、越平易近人越好，不要像老太婆的裹腳布，又臭又長，每次發言不要超過3分鐘，最好能再加上一些故事或自己的

社會經驗，更有說服力，讓觀眾留下清晰的記憶。

　　小兒子這番智慧之語，給了我無窮的啟發，我把原先的擔憂擱置一旁，串連台語古諺與舉例說明，慢慢地讓很多觀眾覺得，我這個財經老師除了言之有物外，還說得很有趣，慢慢我的知名度被打開了，甚至能接主持棒。想到這一路走來，的確有很多要學習、突破的地方，這也是人生的挑戰和樂趣的所在。

　　我已經接近耳順之年，還有一段時間，才會到所謂「人生七十才開始」的階段；不是我不認老，而是看到周邊不論七十幾歲的長輩或晚輩都不會因為年齡而自我設限。

　　從此以後，我不敢妄下定論：**我曾經以為自己不會，居然發現自己很會；也因為從自己很會的地方，再次看到**

不會與不足之處。人生真的很奇妙，「虛心竹有低頭葉，傲骨梅無仰面花」，請記得永遠用虛心的態度去學習、準備與面對磨難，這就對了。

3-3
起伏人生，就是轉折最佳時刻

　　成為專業股市投資人後，我的財富如雲霄飛車快速增加。但我並不想談如何成功（因為股市大多頭的瘋狂行情，已不適合目前的台股情勢），倒是願意分享我失敗的慘痛經驗。

　　民國七十幾年可說是台灣股市熱血沸騰、全民買股的瘋狂年代，那段雲霄飛車的日子裡，我的資產很快就飆到上億，每天大筆資金進進出出，但是讀者也不用特別羨慕我，當時台灣錢淹腳目，南京東路的證券公司旁，每天收盤後許多散戶都相偕去喝下午茶，到了晚上，林森北路或北投一片燈紅酒綠，大戶不去舞廳灑個錢、夜夜笙歌是不

回家的。

　　相較而言，以我當時上億的資產，頂多只能用「實戶」來稱呼，根本談不上大戶，不過整個股市氣氛都令投資人陶醉到忘了我是誰，我的心也被養大，風險控管？沒在怕的！

　　民國七十七年九月二十四日，當時財政部長郭婉容宣布課徵所得稅，股市連續十九天無量下跌，那段期間每天重挫深不見底，我幸運躲過一劫，但其他投資人資產頓時瞬間縮水，有些投資人因為撐不住這種痛苦，甚至還想不開走上絕路。沒想到民國七十九年八月波灣戰爭爆發，全球引起巨大的恐慌，屋漏偏逢連夜雨，投資人擔心此舉將引發第三次世界大戰，紛紛從股市撤離，來不及跑的結果是被斷頭！我想：血汗錢萬萬年，生理錢好眼前，股票錢一陣煙；我不能把雞蛋放在同一個籃子，一定要分散投

資、分散風險。

上帝依舊是上帝，好壞是你的心在變

　　當一個人口袋滿滿時，所想到的通常不是怎麼花錢，而是如何把這些錢變得更大。我在民國七十九年，投資鼎盛證券公司虧近千萬元、投資宜蘭鰻魚工廠虧了兩千多萬元，投資高雄房地產慘賠了兩千萬，十年一覺楊州夢，記得我在八十九年的年底，口袋只剩下三萬六千元現金，這一筆小錢，是我和家人過年前唯一可支配的錢…。我開始擔心如何度過人生最慘的一個寒冬。

　　有天，我突然想到銀行會提供VIP客戶兩百萬元的透支戶頭，過去我風光得很，每天賺錢都賺不完了，根本無暇去用到這個透支戶頭，現在可好了，這個戶頭就像是我的救生圈。我每天收盤後一個小時內拚命填許多單子買進

零股，一買就買幾十張，就算是平盤賺1%，算算每個月還能賺二十萬元，等於一年多賺了兩百多萬元！原來天無絕人之路，動動腦筋就有路。

我深刻的自我檢討，我不愛燈紅酒綠，卻貪心到想要投資事業，讓我從有錢變得更有錢，沒想到行情來得急，也去得快，其實我對台股以外的投資標的沒有太多的研究，純粹是信任朋友的分析，貿然投資最後換來慘痛經驗。

例如我對高雄的房地產也不熟悉——我未曾在高雄居住或工作過，以「台北房市的商業運作，去想像高雄房市投資的遊戲規則」，根本就是一個錯誤，畢竟每個區域的房地產的支撐結構不相同，只能說碰了一鼻子灰。也因為我當時股票幾乎檔檔賺到飽，**人在得意時，以為自己所做的投資就像本業一樣順利，對任何決定都感覺良好**，沒想

到這個建案的廣告不實，前前後後的訴訟拖了三年多，我一見房地產景氣直直落只好含淚出售，算起來這十年內投資高雄市的房地產包含利息，一共虧損了兩千萬元。

　　宜蘭中陽食品的投資案也是我心中的一個痛。由於未上市股票沒有漲跌限制，只要它在未上市前正在接受綜合券商的輔導，若公司有核心競爭力就會被投資人鎖定，還沒上市前股價就先飆了。這種投資是冒險的，更是投機的賺錢機會，因此引起有些商業集團透過一連串的包裝，把爛公司拱得像明日之星般，例如跟檯面上的會計師簽證，私下運作到處增資，塑造成一個「本夢比」的企業。而我當時參與鼎盛證券和宜蘭中陽食品增資後，沒多久就發現股票幾乎就像壁紙，沒想到我先前在股市賺到的錢，就這樣如流水般一去不回，好一陣子無法平復對朋友、對投資企業的信心。

　　奇美實業創辦人許文龍說，跌倒了不要急著起來，拍拍灰塵站起來前，四周找找看，有什麼可以撿的，再站起來。從此以後，我對股市以外的投資，都非常謹慎小心。我開始反省或許自己不懂得拒絕別人，加上耳根太軟，才會造成這麼嚴重的投資虧損，或許有人會自我安慰，人生難得糊塗，問題是代價如此慘烈，悔不當初、回首已晚！

　　人在什麼時候最糊塗？

　　1、春風得意時。2、賺錢容易時。3、得權專橫時。
　　4、迷戀情愛時。5、想佔便宜時。6、老年癡呆時。

股市人生低潮時，學會面對與處理

　　我這輩子有許多成功與失敗的經驗，有很大部份都在台股中學到「人性」，當我自滿放鬆，就會出現意想不到

的虧損；當我謹慎而為，就能掌握賺錢機會。然而，我不
會特別鼓勵年輕朋友像我當年一樣以投資台股為主業，因
為台股多頭行情的時代已經過去，不會回頭了。台股是標
準的淺碟子市場，除了台商製造業跟全球經濟有高度連動
外，台灣的政策變化太快也是造成股市快速變化原因，加
上兩岸特殊關係——例如中、日一不小心擦槍走火，讓一
顆飛彈不小心發射到台東外海，可想見連幾天或幾週的股
市有多綠。

　　就全球經濟來說，目前天災人禍頻傳，似乎變成一種
「常態」，包括板塊運動所引起的地震、溫室效應或氣候
變異引起的旱災與水災、恐怖主義與反恐力量對決、各國
政治與軍事角力等，說白話一點，活潑的股市有利可圖，
當今詭譎的股市全面改寫遊戲規則，已經無法輕鬆掌握，
唯有適度的保守才能賺到錢。**這也是巴菲特的投資哲學至
今依然雋永的原因：他只投資自己熟悉的股票，一年只做**

幾次股票，其他時間拿來行善、經營事業，然後不要想太多，安靜地過他的簡樸生活。

我個人也早已脫離盯盤的生活，把專業鎖定在財經的專業知識，以個人為品牌，透過演講和主持為主，有時拍個知性的廣告，單單是這樣就能讓我的生活充實與忙碌，而不是在技術線型和數字裡過著我的人生。

也許讀者聽到這裡會失望了，以為我會教大家如何做個專業的投資人，以操作股市為本業，我的答案是勸退這樣的觀念，多頭已遠，回歸巴菲特精神吧。

不安的時代，要更有自信！

前幾個月許多青年朋友參與太陽花學運，我很想跟年輕朋友說的一句話：關心時事非常好，適度的參與也不

錯，但是不要過度投入你的人生在此，因為每項政策背後有複雜多元的法令和政治因素，重點是：**不要高估政府的效率與能力，更不要低估自己未來的可能性。**

學運背後的社會脈絡說明了現代年輕人失業問題非常嚴重，暫且不論社會新鮮人本身能力或眼高手低等可能，因為優秀的年輕人畢竟還是很多，而且有很多結構性失業問題，對目前年輕人非常不利。但是，你一定要做的，就是開始觀察社會趨勢的變化，才能贏在未來。

選行業這件事真的很弔詭，二十年前我有個朋友念環工系，看到很多同學都去念電機或資工成了電子新貴，就算是一般的工程師的紅利，都超過他幾個月的薪水。**一個人過日子簡單快樂，就怕跟他人比較，突然發現自己不那麼幸福了。**為此，他每次參加完同學會就會鬱鬱寡歡好一陣子。

　　沒想到風水輪流轉，從民國八十五年政府規定工廠廢水要環保過濾，以及後續幾年環保法規紛紛對此有嚴格的規定與罰則，身價突然水漲船高。我記得他跟我說，他蓋一個章拿五萬元，風光的時候，甚至曾一個月要蓋一百多個章。好啦，這下輪到他那些電子業的同學來羨慕他了，他們爆肝的加班還抵不上他幾個章的賺頭。誰想得到呢？

　　那麼，應該要念什麼科系、投入哪些行業？我建議，如果你現在正在選填志願，**千萬別選擇當今潮流，因為等到你畢業之後，這個潮流很有可能已經過時**。我發現由於文化相近，台灣大約落日本十到十五年的產業，就開始走跟日本相近的發展趨勢，不妨看看日本現在流行什麼，通常八九不離十。

　　舉例來說，日本策略大師大前研一他在日本所出版的趨勢書，果真在五年內都會在台灣發生，甚至持續到現

在，例如M型化社會、享樂生活、老人社會等，他提出時沒有引起太多的注意，而是在許多社會現狀陸陸續續發生了，大家會回想到大師的「預言」果然是真的，其實很多社會趨勢的訊息都跟我們生活息息相關，透過趨勢家的分析，可提供給我們對未來的掌握。因此，跟買股票一樣，選擇行業**要追在未來式，而不是現在式**！

成功的人，都知道買花的訣竅

懂得買花的人，都知道一定要買含苞待放的花苞，而不要買盛開的花，因為盛開的花買時的當下都是最後的綻放，美麗而淒涼，隔兩天就凋謝了。人生正有無限可能的你，小心別選一個美麗而淒涼的行業。想想2002年政府所提出的兩兆雙星產業，DRAM和面板產業曾經風光一時，但曾幾何時從兩兆雙星變成了兩兆傷心。

如果你是念汽車相關的產業，不要只看目前汽車所設計的款式，因為這些設計的原理將成明日黃花，如果剛畢業就不妨朝向電動汽車的領域發展，現在全球汽車大廠都投入相當的研發和市場開發；如果還在就學，就朝無人駕駛的前瞻設計去發展。

如果你現在正踏入照明領域，就要把LED燈的省電設計放在學習地圖裡。如果你正在學紡織科系，由於消費者對於健康及舒適的需求的增加，使得紡織業逐漸走向功能化、奈米科技化及環保概念。可預見的未來是：5G高速行動網路時代來臨、物聯網、智慧家庭、穿戴裝置…等改變現有的生活型態。如果你還擔心這些太過前瞻不能成為「主流」，我再告訴你，二十年前醫科考試最低分通常是獸醫或牙醫，但是現在這兩個「底一名」，已經變成醫界最夯的「第一名」！

「三十歲以前不要怕，三十歲以後不後悔」。三十歲以前要盡量去尋找適合的工作，換工作稍微頻繁一些也無可厚非，但是最重要的是，不要斤斤計較薪水和工作的困難，最重要的是能激發你的興趣和熱情，從餬口變專業，從專業變成樂業，人生會比較幸福快樂。

如果你自覺是讀書的料，更要藉由學歷來提升你的能力，更可趁周末去唸EMBA，最好趁年輕別等到成家立業才去唸書，因為工作和家庭兼顧本來就不容易了，再加上人多多少少都會有惰性，就好像台語所說，查某人結婚後就不纏腳，不論男女都很容易在成家後面對妥協而放棄人生夢想。

非文憑的專業有價證照，更可以為你的人生加分，我也是到了50歲才考股市分析師，而且是大家都規劃要退休的年紀才步入電視圈，所以千萬要盡你所能活到老、學

到老啊。

找工作要找前瞻的，找房子要找目前可負擔的

　　我個人曾有多次買賣房地產的經驗，身邊也有許多和建商合作的經驗。持平來說，絕大部分的年輕人除非是繼承或贈與，才有辦法在蛋黃區買房子；若是白手起家，除非是醫師等師字輩的才有可能在蛋白區買房子；貼近現實來看，年輕人應該先選在蛋殼區買屋，負擔得起不影響生活，才有餘力作其他的投資：包括其他金融商品的投資、養兒育女的投資等，腳踏實地而有餘裕的生活，就是最好的生活。

　　現在很多媒體都會吹捧一些成功故事，我希望讀者從中看到什麼是你應該學習的精神和方法，有哪些是包裝出來、不需羨慕和嫉妒的。人各有命，選工作、投資標的要

用未來式，過日子要選擇適合自己的方式，**最怕跟別人一窩蜂選最夯的、買最貴的，那就可能人生被套牢**，而悔不當初了！人生一世草木一春，如山間之空翠，水上之漣漪，潭中之雲影，草際之煙光，月下之花容，風中之柳態。若有若無，半真半幻，悟入處盡是禪機。

人生的轉折，
從小事開始

Part 4

4-1
人間處處是學問

　　東元電機是我職涯中的第一家公司，短短七年時間，對我卻有相當的啟發；由於東元和日本企業的往來密切，許多日式管理方式融入當年的東元企業文化，所以很多顧客都很喜歡來我們辦公室，除了受到基本的服務外，也感受在細節處被貼心照顧的感覺。

．

　　我所瞭解的日本企業文化，非常重視應對進退，即使只是幫客人泡個茶，從茶器的選擇、溫度的控制、茶葉的選擇、奉茶的姿勢、添茶的種種細節，都是新人訓練的一部分。其實台灣有很多餐飲店、百貨公司的服務方式，都受到日本管理方式的影響，專注地把每個細節做到完美，

呈現服務的好感度。我還蠻建議從事服務業的朋友，有機
會到日本旅遊，不妨從每個細節去體察與學習服務文化。

所謂的大事，不過是許多小事串連而成

現代人對傳統的灑掃應對似乎愈來愈不重視，認為這
樣做「很假」、「很累」、「不重要」，反而把無所謂當作
輕鬆、把不遵守規矩當作豪邁。但老實說，人與人相處的
第一印象就是從一連串的細節開始，如果沒作好、一旦被
定型就要花更多的力氣來改變形象；但若把這些基本工做
到最好，業績自然會增加、升遷自然會輪到你。

坦白講，現在太多的成功學強調要把工作效率作到多
好，表現自己很強，反而不去體察這些與人交流的細節，
以我來看是本末倒置，要成功就應該重新修三個學分：灑
掃、應對、進退。

　　日本有一個「刷馬桶俱樂部」，成員多達10萬人，近年來許多大公司把「洗廁所」當成重要幹部磨練環節，包括統一超、麥當勞與王品集團等大型企業主管基本訓練。「洗廁所」成為顯學的主要原因是，掃廁所可看出人生的態度：能忍受惡劣環境、學習彎腰、懂得放下身段、心無旁騖、重複簡單工作，要學會親力親為，看見小細節。

　　把馬桶刷得亮晶晶只有一個目的，就是修心養性。因為認真刷洗馬桶的同時，自己的傲慢、懶散這些小污垢，也跟著馬桶一起被刷乾淨，很多家長捨不得小孩洗廁所，小學、國中請清潔阿姨代勞，養成一大堆媽寶，為磨掉媽寶們的保護層，用最基層的打掃工作，洗廁所是必備的磨練。

　　一般來說，有相當歷練的老闆和主管通常很會看人，也許讀者會覺得很奇怪，為何這些高層只憑幾次見面，就

會很快對某些人下了評論？甚至有自信的老闆認為，只要
和對方交談十分鐘，就能判斷對方的為人。

他們這麼「武斷」，真的有道理嗎？

國內很多早期上市櫃的老闆大多小學畢業，憑著做生
意的天份和苦幹實幹，白手起家在事業擁有一片天，即便
他們當上老闆還是非常注意細節；不瞭解他們打拚的過程
的新生代，很難理解為什麼總裁或董事長都已經位居高
位，還這麼不放手地過問很多細節，真不可思議！

其實，正因為這些老闆是一步一腳印地打拚，深知每
個細節不只是瑣碎的庶務，而是環環相扣，展現公司核心
競爭力的亮點──這些細節彰顯了廠務的品管、公司的內
控，甚至服務人員的專業度。在這個全球化競爭白熱化的
時代，如果某個環節出問題，會影響整個公司的營運，怎

麼不重要？

　　所以當老闆和主管跟你談細節，要認真聽，甚至勤作筆記，將重點記錄下來，使命必達，完成交代的事物。

客戶和老闆在乎的，就是大事

　　回想你曾經購買的某一項商品，一開始可能從醒目的招牌看到有商品特價，走進去店裡覺得空間很舒服，頓時整個人放鬆，這時售貨員給你親切的微笑，給你一杯好茶讓你暑氣全消，恰到好處的詢問與介紹，給你愉快的眼神⋯總之，最後你買單了。但從你要買東西到付款的每個接觸點，哪個部份不是小事？

　　有時我們決定不買的原因，也是因為小事：進門覺得店裡很悶熱，還是趕快離開好了；服務員忙著搬貨卻懶得

理你，想買東西的慾望頓時冷卻不少；看到玻璃櫃上一層
灰，想說這家的商品應該都賣不太出去吧；售貨員解說時
小孩在旁邊吵（售貨員也忘記拿糖果和圖畫紙安撫），只
好把小孩帶離現場，下次再買好了，所以小優點的累積可
以成就大買賣，換言之小缺點的累積也可以破壞大生意。

　　舉例來說，老闆通常會對某些人特別有好感，就算是
兩個業績一樣的同事，為何他會對某個人比較關注？容易
從小地方信任你或對你猜疑，也是從他過去的經驗所延伸
的。不論老闆本身的專業為何，他一定對產品的銷售或市
場有想法，長期從客戶或供應商察言觀色的歷練下，累積
了一定的經驗值。這些經驗值有正面也有負面，但絕對是
有主觀的成份在其中，所以別挑戰他人的價值觀，老老實
實把基本功做好，才能受到上級的信服和同事的肯定。

　　更何況，創業家基本都是敏感的人，有了這層敏感和

對細節的執著才能擁有一片天。就算你無法像老闆一樣天生對任何市場訊息或來往廠商有敏感度，至少先偷偷觀察他判斷事情的邏輯。**跟一個老闆，就得學如何掌握一些細節。**鴻海董事長郭台銘不就說，魔鬼藏在細節裡？細節做到極致，就可以拿到世界第一了。

準時就是遲到，提前才是準時

　「時間就是金錢」。西方人講究遵守時間，德國諺語：準時就是帝王的禮貌。守時是代表信用和尊重別人的表現。除了上班必須準時外，平常開會，主管最討厭的是少數一兩個，姍姍來遲，浪費大家的時間。有一次我們約好去拜訪一家公司，卻因為一位同仁遲到20分鐘，路上又遇到大塞車，結果晚了十幾分鐘才到，到達發現公司由上而下，已經在會議室整裝以待，主人雖說沒關係，但是現場是超尷尬。

　　平時主管交代的工作，一定要問何時完成，從一開始接手就要全力以赴，重要案件的進度，必須隨時報告主管，萬一遇到困難也要立即反應，請教前輩，務必在規定時間之前完成。有些人往往輕忽事情的複雜性，等到時間快到時，才匆忙趕工，不是品質不好，就是延宕交差，當主管責難時，理由又一大堆，這種事情如果一再發生，保證你吃不完兜著走。

　　守時是社交的禮貌。當我們跟別人約好時間，就不能遲到。甚麼堵車、有事耽擱都不是理由，而是藉口。遲到是失禮的行為，間接地浪費了別人寶貴的時間。當新鮮人從基層小職員做起，最好先把手錶調快五分鐘，任何約會開會，最好早三分鐘到達，主管看在眼裡，就會認定孺子可教，假以時日，才敢委予重任，有遲到壞習慣的人，一定要早日改掉，不要因小失大。

時間是人類唯一公平的擁有，不論身份貴賤、地位高低、財富多寡，每個人一天所有的時間都是相同的，誰也沒權利侵占別人的時間，更不應浪費別人的時間。因此守時、準時在今天應該是每個人必須建立的觀念。

做人七分，做事三分

新鮮人離開學校的保護，踏入「社會大學」將是另一個考驗的開始。古云：「讀萬卷書不如行萬里路，行萬里路不如閱人無數，閱人無數不如名師指路」。經師易得，人師難求。新鮮人從單純的學校，踏入複雜的社會，因為缺乏歷練，又不諳人情世故，最難以適應也拙於處理的，就是人際關係。

「學識不如知識，知識不如做事，做事不如做人。」當今在各行各業出類拔萃的頂尖人士，儘管每人優點不一

而足，但是他們都有一個共同的特質：就是做人成功。再加上熱情與專注，才能夠在不同領域裡開花結果，功成名就。時代在變，潮流也再變，在這個需要以團隊合作取代單打獨鬥的時代，每個人除需具備獨當一面外，必要時也能領導團隊，激發動能，一起創造整體的工作價值。

團結就是力量，團隊要有加乘的工作效率，其紀律、合作、協調、配合格外重要。有兩個同班同學，資質學識能力都差不多，一同進入某大企業，經過三年歷練之後，甲君因為人緣好，配合度高、溝通及協調性佳，已經升為小主管，而乙君本位主義太重，人際關係稍為差了點，至今還在原地踏步。

所以有人說：「做人七分，做事三分」，請不要誤以為只要會做人，不會做事也沒關係，其實是在強調以「共同合作」取代「獨力競爭」。凝聚眾人智慧、判斷與經

驗，讓一加一大於二。要想在職場成功，需要相輔相成，除了強化專業能力外，絕對不能忽略人際關係，要跳脫到另一層面，英雄無用，貴在團隊。因為很多任務，無法憑藉一個人的力量完成，唯有藉助團隊的力量，才能達成目標。

老闆想的跟你不一樣

新鮮人踏入職場，既興奮又緊張，一方面急著想表現，又怕太高調，這種矛盾心態，往往讓人無所適從。退伍後我對第一份工作滿腔熱血，有一次總經理來視察，照例問大家對公司有什麼建議？同仁們面面相覷，個個噤若寒蟬，平常的抱怨牢騷都不見了，於是我舉手發言，幫大家把平時的嘀咕全都講出來，只見課長臉色越來越難看，從此就被「點油作記號」，視為麻煩製造者。

　　新鮮人的第一堂課是：多做、少說、保持低調，因為「是非皆因多開口，煩惱總為強出頭」。新人一定要保持謙卑，多聽、多問、多看、多學，所有同仁都是你的老師。主管會利用各種機會，來測試你的工作能力與工作態度，驗收你的工作品質，考核你的團隊默契。

　　一般公司的考核表，都是加法，如工作能力25%，工作態度25%，工作品質25%，團隊默契25%，加總分數是100分。但是大公司的主管或小公司的老闆，心中則另有一份考核表，上述分數加總後，會再乘以忠誠度，假設你一切都很優秀拿到90分，但忠誠度是0分，相乘之後在主管或老闆心目中還是0分。

　　很多主管或老闆身邊的紅人，論人才、口才、學歷、能力看似普普，卻深得主管或老闆的歡心、信任與重用。最重要的是「四不一沒有」：不會推拖、不打折扣、不找

藉口、不敢居功；而且沒有怨言。對主管或老闆忠心耿耿，交辦任務使命必達，當然受到倚重。

有人深嘆「懷才不遇」，但就主管或老闆立場，如果員工忠誠度不夠，對公司又沒有認同感，那麼越有才華的人，他越不敢用。這是新鮮人初闖職場叢林，必需要學的第二堂課。

在家靠父母、出門靠朋友，我們這輩子擇友也可以從小地方看起。就我所知，很多經理人到了一定的社會地位，跟朋友或客戶往來會注意他的為人，從打麻將時和幾杯黃湯下肚後的真實樣貌，來判斷這些朋友能否深交，或是作幾筆生意後最好就保持距離，以免以後仗著是某某某的朋友在外招搖撞騙、打壞名聲。更不要說，有些前輩挑女婿就會拉去打牌、小酌，表面上是男人間拉近距離的方式，實際上，這些前輩是從牌品和酒品去觀察這個人的真

實樣貌！有些人的過去是靠探聽來的，但是有些個性和品格光是靠轉換不同情境，就能測試這個人是否真金不怕火煉！

專注小事，人生可以不一樣

小事真的很重要。我們的工作和生活不就是這一連串的好好壞壞，串連而成的結果。我們一生的評價，就是每年評價的總和；我們一年的評價，就是三百六十五日成就的總和。

很多上班族覺得日復一日工作，找不到改變與成長的著力點，我的建議通常都是：就從你身邊某一個小事開始改變起。在我縱橫股海時，就曾經見識過這樣戲劇化的故事。

在民國七十幾年股市萬點行情時，我周遭有些朋友出手闊綽，認識了一個酒店小姐，姑且稱她為B小姐。她會進入這行是為了幫家裡還債，還好她入行正是股匯齊漲，台股行情正好，但過一陣子，她發現業績有瓶頸。

B小姐學歷不高，也沒買過股票，每次聽客人談到股票漲跌都聽不懂，客人去跟比較瞭解的媽媽桑聊，不懂的小姐們只能在旁邊打哈哈。她看到客人每晚的消費愈來愈多，雖然對台股瞭解有限，卻也猜得出來台股的激情日正當中。

男人上酒店就是要聊天解悶、尋開心的，所以懂得聊天的小姐就會有錢途，不懂聊天的就賺無。大部分小姐不見得會想瞭解股市，反正多花點時間打扮，噴好的香水或多買性感的衣服就能過日子了，可是她偏不甘於無法融入客人的話題。她覺得，這是客人關注的生活重心，這樣一

次、兩次被客戶晾在旁邊，那也就罷了，第三次客戶賺錢賺到嗨，卻偏過頭去找媽媽桑炫耀戰績，她就開始擔心很難經營客戶關係了。

不服氣的她，於是下定決心學著到底股市是怎麼回事，於是傍晚上班前，偶爾去號子逛逛，跟別人請教學習，沒想到她有些天分，這一看就不得了，居然看出興趣，也開始買賣股票，從此以後和客人不但有共同的話題，還能跟客戶問幾支明牌，漸漸想用腦袋賺錢，已經再「回不去」屈就燈紅酒綠的生活了。

當家中債務還得差不多後，B小姐回學校重新當學生，幾年後順利拿到財經的學位，由於人長得漂亮又很聰明伶俐，很快受到企業的重用並不久後獲得升遷，當到公關部的經理。幾年後，B小姐找到好人家就順利結婚生子，而且不同於一般女性，過去多年在歡場工作，她更懂

得掌握到人性的眉角，只要對方一個眼神、言語上的遲疑等，她可以瞬間堆滿笑容，講對方想聽的話，當然也比一般女性更瞭解男人。所以啊，一個人的過去對未來是加分還是減分，真的很難講，只要你有本事，就能扭轉人生。

　　從「假公關」到「真公關」，她只靠了突破一點，就徹底改寫自己的命運，只要你肯突破現狀學習，**哪怕只是一件小事，就能走出自己的路**。人間處處是學問，每個小事都可以是突破點，都值得試試看做些改變！

4-2
別被一句話綁死

　　再厲害的人，總是有死穴。真正厲害的人，就是時時反省人生有哪些死結，早該打開活絡，放自己一馬。

　　很多對自己要求很高的人，在許多小事或大事都盡力作到盡善盡美，甚至在每個人生階段把一個觀念或一句話，當成至高無上的圭臬，如果做不到就會想盡辦法鞭策自己，甚至很病態的懲罰自己、折磨別人。我近年來主持的節目重點除了財經之外，還包括健康與生活，透過許多醫師的分析，我瞭解到這些完美主義者通常都會有心血管疾病，或是因為壓力大而有失眠和情緒困擾，甚至是慢性自殺的一種方式，嚴重影響到健康。

長期感受很憂鬱痛苦的人，不妨好好整理自己內心的聲音：你是否會被某件小事的情緒困擾了你好幾年？你是否被某一句話給壓得死死的？好像沒做到這點，你的人生就糟到不行？

我認為更令人困擾的是，這種壓力還會傳承給下一代，甚至造成兩代的敵對關係。說起來，不當的期望會造成生命的空轉，就從我朋友的大兒子的例子講起，姑且稱他為C同學好了。

別用一句話綁架孩子的自主選擇

C同學很喜歡喝咖啡，經常到台北市街頭巷尾品嘗不同的咖啡，利用課餘時間到咖啡廳打工，從認識咖啡豆不同個性、到選豆、烘焙的技術、「研磨」、「打磨」和「臼磨」、沖泡的水溫選擇、拉花裝飾…乃至於咖啡文

化，由於他喝得很有經驗，甚至會主動教家人、朋友怎麼喝咖啡，而且他很活潑有禮貌，喜歡跟別人分享他的咖啡經，因此讓我對C同學印象很深。

有一次，我偶然知道C同學父母的學歷和涵養都不錯，也對兒子的期望很高，等到兒子要考大學，他們就給了一句話，「你是可造之材，以後非台大不唸。」

C同學聽進去，也如願考上台大獸醫系，他本來想讀第三志願食品系或營養系，父母不答應。勉強念了一年，因為和志趣不符，就休學補習準備重考。第二次考上成功大學也是科系不符，念了一年去當兵回來再考，最後終於考上台北醫學院，他喜歡的營養系。

總之，他繞了一大圈，白白浪費了4年時光，最後還是回到原點，同屆的同學早已當完兵開始工作了。不過，

這個孩子的素質很優，始終堅持他要的人生，畢業之後在北醫附近開了一家咖啡店，生意非常好，因為他活潑開朗，樂於向客人分享他對咖啡的熱情及相關的話題，老客人會經常來店裡坐坐，C同學對他的工作也怡然自得、樂在其中。

　　回過頭來看這件事，還好是喜劇收場，但因為父母「非台大不唸」的期望，讓C同學人生的夢想耽擱了許多年，還是有些可惜。**父母對孩子多少都會有點期望，但是千萬別以一句話或一個觀念去框住孩子，小則浪費幾年光陰，大則失去對生活的熱情，甚至憤而放棄生命，多麼不值得。**

我也曾被貧窮綁架

　　我也不比C同學的父母來得高明，他父母和大部分的

父母一樣有士大夫的觀念，而我對孩子卻有市儈的期待：念這麼多書，當然要更有本事賺大錢吧。很抱歉，兒子不理會我怎麼想，我是現實主義者，他是理想主義者。

大兒子唸北醫藥學系畢業後，考上藥劑師證照，公務人員資格，及研究所，我也幻想他有朝一日能到知名藥廠工作，或研發殺手級的藥品來擄獲市場，如果他幫公司申請上市櫃，我還能教他一套呢。他不正面說服我，幽幽地攤開他從高中以來所研讀諾貝爾獎得主中，有哪些對於醫藥、健康、人類有卓越貢獻的偉人；他的最高理念是想在歷史上留名，幫助更多需要幫助的人。至於賺錢這件事，他說夠用就好。

當我想要反駁他時，他再補上一段，針對國人經常罹患的大腸癌，他已經著手做了相關研究，希望能夠對人類的預防醫學有所貢獻。

我從小到現在數十載都在為錢打拚，「賺更多的錢」已經是我的一部分了，我的夢就是幫家人買第一棟房子脫離貧困、幫自己買一部賓士來對看不起我的親戚揚眉吐氣，我真的很難接受飄在雲端上的夢，而且這還是從自己兒子嘴巴說出來的。

後來，我陸續跟他在深夜裡懇談了三次，確定他的執著，他對他的工作有興趣、有理想、有目標。很幸運今年也申請到國科會千里馬獎學金，要去美國約翰霍普金斯大學作交換學生一年，身為父親很高興，也以他為榮。

放下，才能贏在轉折點

我有個朋友就曾問過我，不曉得要拿他的孩子「該怎麼辦」。當時他的孩子因為小提琴拉得非常好，開始擔心他孩子的前途，我差點以為我聽錯了。原來，這位父親是

擔心他的數學很爛，其他學科也經常吊車尾，要救救其他的科目。

　　朋友認為人要往上爬，就要科科都到達一定的水準，認為他已經幫孩子補習也請家教了，可是為什麼他的孩子在其他科目，不能像在音樂上這麼出色，至少也得考個及格的成績才對。

　　我聽了就說，你這個憨老爸到底在怕啥，天命之為性，他這麼有天賦，已經找到未來的路，一定是傑出的音樂家，光靠這個吃飯就吃不完了，其他科目爛到爆，有差嗎？我倒建議，要加強他的英文，因為他將來要走到國際的舞台，不論是受邀表演或長期教學，英文能力是生存基本工具，多強化這個部份就行了。

　　後來他和老師懇談多次，老師也是建議應該強化天賦

優勢，專攻小提琴，希望比賽得獎後獲得保送，幾年後終於不負眾望得到全國第一名，得以保送音樂班，還好這個孩子的英文底子還不錯，不久就出國深造，大放異采了。我真的無法想像，如果這個孩子繼續去補所謂的「爛科目」，幾年下來還有時間能練琴、聽音樂會嗎？那麼他的真正優勢還在嗎？

我小時候的英文能力不強，如果我一路上只在乎自己的弱項，死心眼想要去克服最弱項，卻忘記個人的強項是台語、是數字、是作生意、是對大眾演講，那麼我忽略自己最優秀的長處，在職場上只會死得更快而已。

想要知道自己的優勢和長處，可以找一個夜深人靜的夜裡，用魚骨圖來檢視自己的強項和弱項，或是用SWOT分析自己的優點、缺點，還有所面臨外部的機會和威脅，很多經理人擅長幫公司作市場分析，卻忘了隨時為自己作

類似的檢視與分析。

人生是流動的，也可以重新被定義的

　　我在今年四月到母校嘉義中學領傑出校友獎，回顧往年傑出校友的名單與經歷，我看了倒抽一口冷氣，幾乎都是產官學研的一號人物，大部分都有博士學位，留洋也不在少數，像我這樣把嘉義中學當成最高學歷的，大概是空前絕後吧。我很謝謝母校這麼看重我，我也重新省思嘉中對於「傑出校友」的定義也愈來愈寬廣，更沒有把高學歷當成必要條件，我才能有這個榮幸被選上。

　　想到當年的我，每天中午一拿到便當，就騙同學說我要去念書了，結果通常躲到生物館外的樹下，坐在地上吃，因為我的便當裡只有荷包蛋和菜脯，看到別人的菜色有炸豬排或雞腿，我會很揪心，更怕被別人笑；在學生時

代，被老師或同學嘲笑，相信過來人都知道，這是殺傷力很強的一件事。那段慘澹的青春歲月裡，我被貧窮和自卑捆綁著，當同學勾畫著美好未來要如何深造，我只想著要帶家人脫離貧困。

現在，我拿到傑出校友的獎狀與祝福，內心百感交集，我的人生很富足，也從「要賺更多錢」逐漸變成「要幫別人賺更多錢」，換來更多的快樂。在這個成功方程式變化莫測的時代，幫自己適度「解脫」，來因應更多不確定性和可能性，或許，更容易有幸福的感覺吧。

最後與你分享 2013 年美國聯準會主席柏南克回到他曾任教的普林斯頓校園，向畢業生發表的演說。他只有十個建議要給畢業學生，作為對世界或者對生活的十個觀察。

他的第一點是這麼說的：

讓人生如戲劇一般演出，不要自我設限。

詩人羅伯特‧伯恩斯說：「無論你準備地多充分，事情還是會經常出錯。」阿甘正傳裡的名言是：「人生有如一盒巧克力，你永遠不會知道你拿到是什麼。」這兩個觀點都對，人生無法預期。

如果一個二十二歲的人，可以想到十年後自己會身在何方，我認為他是缺乏想像力。看看我自己，十二年前，我在教經濟學課程，想盡辦法找理由不去參加教學會議。接著，我接到了一通電話⋯。

如果你懷疑阿甘正傳的觀點，可以給你們一個具體建議：當你有機會與畢業三十年、四十年校友們交談，請他

們回想三十年、四十年前的預期，我打賭，他們現在的人生與預期一定有差異。

這是好事不是壞事，誰想一開始就知道故事的結局呢？所以，不要害怕讓你的人生如戲劇般的演出。

穩賺不賠的人生

Part 5

5-1
先存第一桶金，放長線穩穩賺

　　我小時候很喜歡看書，當時書店不像現在普及。我真羨慕現在的年輕人，生長在到處都有報章雜誌和書籍的生活環境，隨處都可讀到書。如果當年的我收攤做完生意後，就走進二十四小時營業的書店，還有輕音樂相陪盡情閱讀，也不怕別人趕，不知道有多好？

　　當年老家嘉義市的「書店」只有文具店型態，兼賣參考書和少得可憐的課外書，有偵探小說、歷史小說、言情小說和武俠小說等。書店老闆最討厭看到像我這種窮學生，明明買不起書、卻又喜歡經常來站著看免錢的，故意在我身邊晃來晃去，盯著看我是否弄髒弄皺書店裡的書。

我實在太愛看書了，只得每次裝作挑書狀，機靈地只看幾個章節，在手掌心微微「撥開」書而不是「打開」書，小心翼翼保持新書的完整再放回去，就怕老闆給我衛生眼。我每次看書，先牢牢記住這次看到第幾頁，下次再接著看下去，分好幾次把一本書看完。

　　嘉中附近有許多舊書店，舊書店的角落有些舊書可租，若遇到書店剛進一批二手書，老闆會為舊書釘上新的封面，我會忍耐一段時間，待它們淪為陳舊的三手書之後，租金大為下降才租來看。雖然封皮已經被翻到爛爛黏黏的，但是看四本只要花五毛錢，等待是很值得的。

我的青春夢，有種淡淡的感傷

　　即使我在師長的眼中是「愛讀書的小孩」，因為家境關係，從高中畢業後我無法再升大學，唯一的心願就是改

善家中經濟，我打拚一陣子後在台北擺攤，生意愈來愈好，於是接全家人到台北來定居。我們一家四口在士林夜市一起打拚，家中財富慢慢累積，過去家人分散四個地方工作和生活的日子結束、終於能生活在一起，我覺得好滿足、好充實。

照理說，每到周末假日我的生意特別好，但是我總是特別悶。由於地利關係，我經常看到東吳大學的男大學生，帶著銘傳家商（已改制為銘傳大學）的女學生，一對又一對從我面前走過，輕鬆的吃喝玩樂談戀愛，我的年齡與他們相仿，卻是過著不同的人生，真的很羨慕。能唸書真好，課餘戀愛真好，這是青春的滋味，我卻享受不到，難道這就是我要的人生嗎？

為了成家要有固定的工作，我到職場上成為上班族，「畢竟有個正職，才有姑娘願意嫁給你」，當兵後父親這

樣建議我。結婚幾年後，我一方面發展家電批貨與安裝的工作，同時研究台股，到後來辭職為專業投資人，「念大學」這件事就成為未竟的夢想。但是看到這個世代「念大學」雖然沒有很高的門檻，卻面對另一種的生活壓力。

最幸福的一代，也是失落的一代？

狄更斯《雙城記》開場引言：

> 這是最好的時代，也是最壞的時代；
>
> 這是智慧的時代，也是愚蠢的時代；
>
> 這是篤信的時代，也是疑慮的時代；
>
> 這是光明的季節，也是黑暗的季節；
>
> 這是希望的春天，也是絕望的冬天；
>
> 我們什麼都有，也什麼都沒有；
>
> 我們全都會上天堂，也全都會下地獄。

　　不管在什麼時間看，都很符合現在的時空。這一代的年輕人很茫然。在這個大學升學率百分之百的年代，「念大學」已經成為一定要做、卻又不能保障價值的抉擇。我看到有些年輕人不想讀也不得不讀；家裡沒經濟能力，要念大學就只好揹學貸硬讀；畢業後卻發現人人有學歷，和別人比起來沒有競爭力。

　　為了再凸顯個人的差異化，不少年輕人再去唸碩士甚至博士，但是對應到現實環境，卻未必有對等的工作機會和待遇；已經投資這麼多，卻不知何時能回收、甚至存錢過個富足人生也不敢想。

　　根據調查，台灣目前的大學畢業生，平均每個人要揹四十五萬元的學貸，若能找到不錯的正職，幸運的話大約四到五年能還完，等於初入社會這段期間，還在為財富打底時就先負債、還債，「生吃都無夠，哪有倘曬乾」。

除非八字夠好，家裡願意在生活上有所資助，要不然三十歲以前的年輕人光是靠一份上班族的工作，想要在市區買屋、實踐夢想，真的很不容易。

很多年輕人工作了幾年，存了幾十萬元，人生擺盪在要繼續存錢買房、想創業圓夢、合夥做生意、到其他國家打工度假或出國進修唸書，當有點積蓄卻又不足以做多方面的「投資」，因資源有限，在人生的轉折點會面臨很多價值衝突與困難抉擇。

對此，我的建議幾乎都是：**先存第一桶金，打好這個底之後才有餘裕做真正的人生規劃。**

沒存到一百萬元，不管你想做什麼都很難真正的起步，就算你勉強做任何投資等決定，也會處於寅吃卯糧的高風險，瞻前顧後不敢做下個階段的決定。舉例來說，如

果你只有二十幾萬元就決定創業，除非你只要做幾萬元的
小生意，要不然很可能會被開店裝潢、存貨成本、人事管
銷一下子就被吃光光，其他不夠的還要跟銀行貸款。如果
生意做不起來，連一點本都不見了，搞不好老家都被拍賣
了，倒不如先做上班族累積工作經驗，並且找時間兼差，
把賺來的錢定期定額買基金或績優股。總之，先存到一百
萬元再說。

天上掉下來的創業機會？

　　很多年輕朋友沒有耐心等到那一百萬元，想要用其他
方式先「賭一把」再說。也許在職場不順心，或是急切想
要致富，看到「加盟的優渥條件」就心動想創業當老闆，
殊不知：**初生之犢創業就加盟，是最危險的事**。很多廠商
急於擴大市場版圖開放加盟條件，通常會這樣寫：不用找
店面，我們協助找；不必煩惱上游原物料，我們全部提

供；更不需要煩惱設備和裝潢，我們幫你處理。你只要付個兩三百萬元的加盟金，我們就把這些開業前要煩心的前置作業全部搞定，你唯一要做的就是去請一些員工，直接輕鬆當老闆！保證你三到六個月回本！

只要準備錢，其他就不用煩惱，這是創業最誘人也是危險的路！如果創業的know-how都掌握在別人手中，那你就成為待宰羔羊！

條條道路通羅馬，加盟是條最簡單的路，卻不是首次創業的優先選擇。所有「包你輕鬆創業、輕鬆賺錢」的說詞都是噱頭，專門誘惑只想撿現成或是涉世未深的創業者，畢竟創業的報酬與風險都遠高於上班族的收入，創業的辛苦也是遠遠超過上班族，需要全心全意投入。

試想：如果加盟總部自己開店就能賺錢，為何他不直

營開分店？他必定希望從加盟者再賺一筆，例如原料貴兩
成、設備貴一成，連房租也要戴帽子，甚至還出現過在加
盟店對面開直營店，直接對打。為什麼呢？因為他透過你
的店面做「市場調查」，發現大有可為，所以就趕緊切入
商圈賺更多的錢。我並不是要勸退年輕人加盟或創業，而
是過去在台灣中小型創業的成功率不到三成，首次創業更
須謹慎思考，才不會輸在人生的轉折點。

擁有夢想只是一種智力，實現夢想才是一種能力

　　我建議首次創業不要選擇加盟，而是先到這個行業的
前三大企業當僱員。也就是說，如果你想開咖啡店，選擇
當加盟店老闆之前，不妨先去咖啡連鎖店上班，學會自己
泡咖啡（想開咖啡店要自己會煮咖啡、拉花），瞭解原物
料的進貨來源與消耗速度，掌握服務客人的速度與品質，
學會操作設備與瞭解硬體汰舊換新的成本等，先把這些

know-how學好，經過一段時間把基本功站穩之後，再來考慮創業的事。

或許，在咖啡店工作的過程中，才醒悟自己雖然喜歡喝咖啡，但是對賣咖啡卻沒那麼熱衷，及時對不切實際的夢想踩剎車，未嘗不是一種獲得？或是發現自己沒有能耐一天站十幾個小時服務客人，始覺自己恐怕入錯了行。

想經營超商加盟，就要耐得住隨時人力都能因應二十四小時的人流，想開個川菜館就先從二廚開始蹲馬步。總之，創業是所有工作中最具挑戰的其中一項，起碼穩住過去累積的資產，而不要因為倉促的決定，失去人生轉折點的籌碼。

俗諺說：「狀元子好生，生意子歹生」，「也曉做生意，未曉做先死」。很多為人父母為了想圓兒女的創業

夢，給了一兩百萬元當作創業基金，然而如果孩子沒有足夠的評估和試煉就貿然去做，三個月就把店收起來，就算父母資本夠多，拍拍肩膀說沒關係，但是這種創業的挫敗感，會嚴重打擊年輕人的自信心！當人生遭遇一次、兩次比較大的打擊，就會開始質疑自己的能力。因此父母與其給子女一大筆錢，不如提醒他們：先在這個行業「臥底」一段期間，等到把真工夫都學到，調整創業的心態和期望值，再到創業擂台跟別人較勁，反而比較容易成功。

在蹲馬步的這段期間，相信很多年輕人不論在職場上端盤子或刷馬桶，會有這麼一句話在心裡迴盪：「這就是我要的人生嗎？」這也是我當年擺攤時心中的疑問，為了咬牙撐下去，我告訴自己：這只是暫時的階段。如果創業是你的畢生夢想，追夢的過程必須一步一步付出代價，這樣創業的智慧才是你自己的，任誰也帶不走。

學生階段，就要培養儲蓄的紀律

雖然我成為專業投資人已有三十多年的光陰，但是不鼓勵所有想要致富的年輕人要和我一樣，投資股票只是追求財富的方式之一。**我想給年輕人很重要的忠告，第一：是不斷學習，第二：是培養儲蓄的紀律**，前者讓你未來有基礎的謀生能力，後者是會締造你財富的爆發力。

如果您（或您的孩子）現在正在念大學，若想盡辦法每個月存一萬元，投資在有10%複利的理財工具，三十年後就會有二千一百七十一萬元；投資在有15%複利的理財工具，三十年後就有六千萬元，等於五十五歲以後就不用為錢工作，成為財富自由的人。要維持每年一定投報率的工具雖然不易，但難能可貴的，是每個月要存一萬元。

一勤天下無難事

由儉入奢易、由奢入儉難。我有一次到高雄演講，接送我的年輕美眉月薪二萬八千元，我問她以高雄的物價來說，應該可以存一萬元吧。她說其實物價很高，每天早餐就要六十元了，然後還有⋯。

想要省錢，一定要用點心思。我目前每天早上一碗麥片，加上一杯即溶咖啡，不加糖、不加奶精，攤提下來成本大約十元。如果年輕人需要多點體力，多加一顆白煮蛋或白吐司也夠了。想要多點變化，甚至可以去雜糧行買一大包的十穀粉，或是每天早上自己在家蒸饅頭夾蛋，方法很多。也許有人會抗議，每天早上匆匆忙忙，哪有這麼多時間做這些？其實只要熟能生巧，在家吃個價廉物美的早餐不過多個五到十分鐘，你會發現DIY所花的時間比你想像中還要短。

　　再者，平常上班時間很忙碌可以簡單吃，周末再讓自己吃好一點。有位年輕人說，他周一到周五當苦行僧、粗茶淡飯，一到週六睡得比較晚，出門已經是下午一點，花個四百五十元吃到飽，吃到下午三點，晚上八點多吃個四十元的切仔麵，覺得對得起自己的胃，也能存得到錢，他說用了這個方法五天能省五百元，一個月就省二千五百元了，等於一年下來多存一個月的年終獎金，不是很好嗎？

　　月光光心慌慌，錢花到那都忘光。想脫離月光族的魔咒，一要儲蓄，二要省錢，三要投資。按部就班，一步一步邁向富足人生。

　　像我的朋友有次拿出一疊發票，他平常也算節儉，每張發票幾乎都不到一百元的消費，但是算一算，這疊發票的消費總額居然超過一萬五千元。錢是怎麼不見的？就是一點一滴「無感浪費」漸漸不見的，當然浪費不等於消

費，如果你每天審視自己怎麼浪費的，加乘起來會讓你嚇到自己竟然這麼會花錢！

　　懶惰和嫌麻煩的人是無法存到錢的；但是配套方法須符合人性，才能持續存錢。萬事起頭難，只要你降低物欲、犧牲享受，用定期定額方式，買基金或存股作股票，當你存到一百萬元後，只要好公司遇到倒楣事就進場，每年賺20～30%都沒問題。平常就專心工作、認真存錢，多聽財經相關的演講和閱讀報章雜誌。

　　存到第一桶金之前，別管太多夢想，也別在意別人怎麼看你，只要你專注把錢存到，就是人生的成就感！當存到第一桶金之後，認真實踐夢想，一步一腳印，別相信輕鬆致富的鬼話，因為大部分理財的成功案例都不是一夜致富，而是再普通不過的遵守紀律與確實實踐！

5-2
沒錢，還能結婚生小孩嗎？

　　隔行如隔山，好在我是財經界的演講者和主持人，如果要我講奢侈消費，我肯定只能在攝影棚坐冷板凳！因為我不太逛街、很少花錢，平常吃穿的品質還可以，幾乎沒有什麼名牌，過去成長背景和創業的辛苦學會了無欲則剛，輕鬆自在。

　　什麼是無欲則剛？無欲則剛的生活是你不會因為開比較差的車，在路上跟別人比起來沒自信；也不會因為參觀別人住豪宅，回家就嫌棄自己狗窩。你還是很享受原有的生活，沒有不斷比較和羨慕的掙扎困擾，每天珍惜所擁有的一切。

在現今的景氣氛圍，正應該倡導「無欲則剛」的消費心理，但不是教大家不要花錢，而是要大家認清生命中重要的價值，如果這個價值需要花到錢，那就好好的聰明消費。如果這個價值是虛榮和愧疚感在作祟，不是你真正在生活中非它不可，就趁早斷念吧。

現在賺錢不容易，存錢更是困難，男人挑老婆也是要挑賢慧、懂得幫忙錢滾錢的現代女性。巴菲特曾經談過，自己認為人生中最重要的決定是跟什麼人結婚，而不是任何一筆投資。比爾‧蓋茲接受採訪時，被問到他一生中最聰明的決定是創建微軟還是大舉慈善？他回答都不是，找到合適的人結婚才是！比爾‧蓋茲堅定的認為：女人決定了一個家族的未來！

娶一個好女人旺三代！男人要成功就得靠三個女人，如果你的運氣不好，例如老爸娶錯女人，你就會童年不

幸；要是你娶錯女人，就會中年不幸；萬一你兒子再娶錯女人，那就會晚年大不幸。

愛情與麵包

　　但是結婚是人生大事，要怎麼無欲則剛呢？一生只有一次啊。很多年輕人卡在金錢這件事，裹足不前。沒有錢當然萬萬不能，但如果對結婚的花費有不合實際的期望，你將會被卡住：要結婚，但存不到能辦夢幻婚禮的水準；不結婚，未來會更難找到理想的對象，或當高齡產婦的危險卻更高。「沒錢結婚！」這麼多適婚佳偶被卡住，不僅是女孩子的結，也會是男生的挫敗感——於是，乾脆大家就不要結婚生小孩好了。

　　環境不景氣，談結婚真是五味雜陳，先來聽我與太太的結婚故事吧。我結婚前沒什麼錢，之所以結婚是因為母

親癌末前的最後心願希望看到我娶妻，於是，取得岳家的同意後，我就娶了溫柔漂亮的太太，那時候家裡只剩下七萬三千元。

　　我這麼窮，為什麼岳父和岳母還願意把女兒託付給我？因為我當時拚命賺錢、很會省錢，他們看到我雖然輸在起跑點，但仍十分努力勤奮，彼此也有緣分成為家人，便把女兒交給我。按照現代年輕人對結婚的規格來說，七萬三千元能做什麼？恐怕買個簡單的禮服和婚戒去公證，再請雙方家長吃飯就差不多了吧。

　　結婚四個月後母親就過世，對我的打擊很大。剛成家的我，一邊作家電的業務生意，一邊專心投資股票，希望能盡快提升自己的投資能力。我每次陪太太從新店娘家坐公路局的巴士回板橋住處，我們倆每次都會提前一站下車，因為這樣一個人就能省一元，兩個人就省兩元。也許

很多讀者覺得我太摳了，但是省一元的精神意義更甚於實質意義——如果連一塊錢都在省了，其他生活中就會「有意識的去省，達到控制開支的目的」。我們當初都還年輕，也在蜜月期，手牽手走個三百公尺，一下就到了。

故事講到這裡，似乎只是一對貧窮夫妻的故事。但是三十年後，我們現在已經在台北市區有棟好宅，也把兒子教養長大成人，接受良好的教育。我今天擁有這一切，並不能用「我投資很神，從此以後讓憲嫂過好日子」的戲劇性變化來解釋；我要很誠實地說，因為我們的金錢觀和價值觀很相近，所以能夠把攢下來的錢做人生對的決策，即使曾面臨投資上的失利甚至慘賠，都能在挫折中度過。所以，我自始至終都很感謝當時岳家對我的肯定，相信有一天我能給他們女兒過好日子，無愧於他們兩老。

你只看到別人快樂的一小部分

　　話說我們結婚住在板橋的一樓住家，還有一輛破摩托車。在我們結婚之初剛好我太太的同事也新婚，他們夫妻有二十幾萬元但是沒買房子，因為我有先前的首購經驗，我勸他們要先買房，他們卻買了1600cc的新車，這輛車要三十幾萬元，所以他們不但把結婚基金花掉了，而且還貸款了十萬元。

　　我們兩對夫妻年齡相仿，這對夫妻也很大方地開新車帶我們一起出去玩，哪個男人不愛車呢？我因為手頭很緊，加上有別的理財計畫，於是沒有跟進，所以只有光羨慕的份。三個月後，這對夫妻覺得每次上高速公路，都發現愛車經常跑不贏人家，於是決定換車，這回換了2000cc的新車，三個月的新車，折舊就虧了六萬元。

　　三年後，他們還是沒有買房，剛好同一年我以自備款七十萬元、貸款二百五十萬元，換到台北市南京東路附近的好宅，沒想到三百多萬的房子，二十多年後漲到超過三千萬元，證明我們當初先買房（資產），再買其他東西（消費）的策略是對的。

　　每個年代想要成家的小倆口，都多少會遇到愛情與麵包衝突的課題，我不是愛情專家，倒認為「麵包」這件事不要侷限在「對方的財務能力」，而是「彼此的消費觀和金錢觀」。這是一個Ｍ型的社會結構，隨時都可在電視節目或網路上看到金字塔頂端的人是怎麼消費的，包括結婚的排場、鑽戒的大小、蜜月的等級、婚紗的精緻度…等等，但這些都只是少部分人的生活方式，卻因為媒體的渲染或部落格中鉅細靡遺地描繪，讓年輕人不知不覺對很多事情的價值觀有偏差的想像。

　　所以，我還是奉勸很多待嫁的姑娘，選擇一個可靠的麵包，結一個簡單卻隆重的婚禮，但**千萬別讓新婚的排場透支，影響你的新生活！**強摘的果實不會甜，強撮的姻緣也不會圓！而且還很可能成為新婚生活齟齬的原因。

　　就像《菜根譚》所說，濃艷的滋味短，清淡的滋味長。這句話不論用在婚姻或是理財，都是一樣的道理，不要羨慕豪門婚禮，結婚的排場跟婚姻幸福是沒有關係的；也不要羨慕在股海中一夕致富的人，一夕之間傾家蕩產的故事亦多得不得了，真正的富有都是細水長流的理財策略。

　　為錢結婚，或是因為沒錢而不婚，都是一種悲哀。不如尋尋覓覓，找到那個跟你理財觀一樣的靈魂伴侶，讓你的愛情和麵包都一起天長地久吧。

5-3
晚十年買車，晚五年買名牌包

我現在真是無車一身輕！

我經常要搭計程車趕錄影和演講，每個月大約花四千元的交通費，朋友跟我說，「憲哥你這樣也浪費了！不如自己開車，把錢省下來。」其實不然，對照我過去是有車階級，每個月在外所花的停車費還遠遠超過四千元，值得一提的是，我把停車位租出去還倒賺八千元！

還沒買車之前，我也很想晉升為有車階級。我好不容易存到了錢，以一百六十九萬元買下人生第一輛車，也就是我朝思暮想的賓士，簡直樂瘋了，還記得當時特別把車

擦得閃亮又打蠟，風光開回嘉義老家，引起街坊鄰居的關注，不明究底的阿伯還問我，裕隆汽車有出這款的，怎麼都沒看過？原本從小看不起我們家的親戚，也堆滿笑容來摸摸我們的新車，問東問西的。也許是出於炫耀的心理，我突然不那麼氣他們，和他們分享我很趴的新車。

加入車奴一族，反成了「套牢」的開始

　　我每天開始把賓士當小三來照顧，晚上都把車子的裡裡外外擦得乾乾淨淨，離開她之前還左看右看，才依依不捨回家，就希望明天的太陽趕快出來，再帶她一起去上班。

　　到了放假日，我就會開車帶全家人出去玩，從透早就把小孩們都挖起來出門玩，一直玩到晚上回家，才有「物盡其用」的爽快，全家四人一起在大自然度過假日的悠閒生活，成為我幸福的回憶。

　　但小孩很快就長大，慢慢地都有自己的生活圈，寧可和同學出去玩，也不想跟我們LKK度過周末假日，買車十二年內才跑了五萬八千公里而已。到了後期更慘，因為我的新工作離家只有一百公尺，根本不需要開車；常常會有各地的演講邀約，南北奔波全靠飛機，那時沒有高鐵；市區礙於停車問題，都是靠捷運、公車、計程車趕場。車子每天都在停車場休息，只好和太太在假日開出去「遛車」，讓車子暖暖身。就在2000年，我決定把「她」賣掉！

　　其實想賣車已經有一段時間，我算了算，車子一年的相關開銷（稅金、保險費、基礎保養等）不含油錢和在外的停車費，差不多要二十萬元，如果我把車賣掉有一筆錢，把車位租出去，每年還有九萬六千元，這樣一來一往豈不就差了三十萬元！不比不知道，比了嚇一跳。果然小三難養，還是趁早賣掉好了！

　　賣掉之後，其實對生活沒有太大改變，因為我的確很少用車，卻因此每年多了三十萬元，有賺到的感覺。我開始仔細研究買車的投報率，我發現開車的人大約十年換一部車，假設一個人一輩子換三部車，以國產車五十萬元來說，那麼他這輩子買車本身的成本是一百五十萬元，若拿這三筆錢投資，買到10％的投資商品，三十年會滾出一千三百三十八萬元。如果買的是進口車，以一百萬元來計，買三輛是三百萬元，同樣的投報率所滾出的複利是兩千六百七十七萬元。這樣算來，買車也太傷了！

　　我並非勸大家都不買車，除非有工作上的需要，或對於家中有老有小的家庭來說，有車就能免除拿著大包小包揹在身上的不便，對行動不便的老人或小朋友也比較便利。但是年輕人買車是有技巧的，由於新車從車廠運送一落地，價格就落了三分之一，所以能買車況好的二手車，就不要執著非新車不可。

晚點買車買包才是王道

我建議，最好買開了三年的中古車，這時的車況不錯，百萬元的房車大約只要五十萬元就可以入手，總價更低的不到二十萬元就能買到，是CP值最高的選擇。

況且，國內中古車的制度發展到現在已經很有制度，小資族別陷入買車一定要新車的迷思，倒是跟中古車商選購時，一定要選擇有信譽和保障的店家，或品牌車廠自己經營的二手車商。

我更建議，單身的年輕朋友想要買車，不妨十年後再真正下手。如果你剛入社會很想買車代步，先忍住把錢省下來買定存股，也許過了幾年打算結婚，再忍一下先拿去當購屋頭款。等到小孩接續出生，再慢慢考慮是否有實用性。**早十年或晚十年買車，對你的理財有重大的影響**

（見表）。

表格：早買車、晚買車（假設年報酬率10%）

	早買車	晚買車
第一年	車款1,000,000元	存款1,000,000元
第十年	車款1,000,000元	存款 2,593,742元
第二十年	車款1,000,000元	存款 6,727,494元
第三十年		存款17,449,402元
總計	車款3,000,000元	存款26,770,638元

資料提供：賴憲政

　　車子之於男人，名牌包之於女人，都有一種難以形容的物質魅力。我會建議小資女晚五年買名牌包，本來只能買一個包的錢，獲利後就可以買三個。也許有些姑娘會抗議，名牌包每年都在漲，就是要趕快買才會賺到。但是如果你夠細心會發現，許多精品基金的漲幅遠遠超過包包的價格。如果你把買名牌包的預算先省下，先買精品基金當

LV 的股東，放個五年慢慢漲，五年後來看，原本只能買一個中型包，這下連宴會包和大包包的預算也存到了。

現在也很多二手包包專賣店，遠比原價划算多了，就和二手車一樣，包包只要「揹過了」，哪怕只是原包主揹過一次，價格就大幅滑落。我希望有正式場合需求的小資女，如果能擺開迷思，晚五年買名牌包，甚至二手包，妳的財富一定會比揮霍無度的同齡女生攢錢更快速。

晚點吃棉花糖就能存下更多錢。第一，你的價值觀和生活習慣；第二，你的交友圈的樣貌，如果把這兩點勾勒出來，搭配你的賺錢能力，就能瞭解你這輩子是否能夠存錢，能存小錢還是大錢了。很多人對於自己的金錢管控很嚴，但是卻不知道錢是怎麼花掉的，仔細檢視才發現，很多花費都跟社交有很大的關係。

　　假設你假日就經常受到朋友邀約，去高檔餐廳消費，再去KTV唱到晚上，席間大家互相比包包、手錶、手機和新買到的衣服、鞋子，如果有人的行頭不稱頭，還會說對方很遜，該去「改頭換面」，要不然就跟大家格格不入。對於一個小資族來說，這種社交方式不可能存到錢，而且還會因為被這種氛圍影響，誤交到狐群狗黨。

　　現在年輕朋友就算很宅，也免不了在Facebook看到親朋好友買了什麼、去了哪裡，雖然達到分享的快樂，有時真像是大家在比誰的生活比較爽快；更不要說有些千金或年輕的富太太會在部落格鉅細靡遺介紹自己的美好生活。我想強調的是，**你所看到的「美好生活」，是在金字塔頂端的人過的，看看就好**，以台灣大部分人民都是受薪階級來看，絕大部分面臨各行各業薪資未調、甚至倒退的情況。在全球化浪潮和M化的社會裡，還有我們不知道的社會弱勢，每天都為下一頓發愁。

　　與其羨慕別人的八字比較好，不如慶幸自己得以溫飽。趁還年輕，誠實面對欲望，多作一些消費觀的調整，**晚幾年買你想要的東西，會早幾年得到你需要的資產，先犧牲享受，再享受犧牲。**

你不一定要有信用卡

　　我出門只帶現鈔，從來不帶信用卡出門，我兩個兒子也只有提款卡，所以我們家採用「不預支的消費模式」，看來我們父子三人應該算是這年代的少數民族了。只有我太太跟我們出門時，會帶著我的副卡，但是那張卡只是帶安心的，畢竟台灣的街頭巷尾提款太方便了。

　　我有個朋友說使用信用卡能省錢，例如一群朋友聚餐，說好大家各付各的，但是由他來刷卡，其他人付現金給他，這筆消費就可以入到他的信用卡紅利點數，能省下

幾塊錢的現金回饋。理論上是看似合理、可以回饋一點小錢，但是可別忘了人性是軟弱的，當你吃了一頓大餐，結束後還多了好幾張鈔票在皮夾內，不但完全沒有消費的感覺，反而有賺到的假象，因此把那幾張鈔票花掉就更容易了。然而，這筆帳直到下個月帳單寄來，你才會真正的支出這筆帳，一來一往反而花錢的速度更快了。

百分之八十的卡奴會說，我不是真的要把錢刷爆，這是環境所逼而不得不為的，但是經過我側面的觀察，大部分的卡奴都是個性使然，在消費習慣上不夠自持，所以要斷絕敗家習慣的簡單方式，還是先把卡剪掉吧。

5-4
有能力，就去幫助別人

　　我五歲時有次生病，母親帶我坐嘉義客運去看醫生，一趟的車資是一塊錢。當時男工一天的工資是三十元、女工是十五元，所以這一塊錢對我們來說很大。回程時母親的口袋只剩下一塊錢坐車，偏偏舟車勞頓時間過去了，我餓得嚎啕大哭，但是口袋裡沒有多的錢可以買東西給我，只能無奈地安撫著我。

　　就在這時候，突然母親在地上撿到了十塊錢，就像是老天爺賞飯給她，她撿了錢買幾塊餅乾給我吃，暫時解決了飢餓。據她回憶，她從此相信路再怎麼苦，老天爺都願意幫她度過難關。

不求回報的大愛

很多人很訝異我是一個天主教徒，因為在南台灣的傳統家庭長大的小孩，通常是跟著父母信奉王爺、關公、媽祖，或是其他民間信仰。民國53年白河大地震，台南和嘉義受到重創，紛紛傳出嚴重的災情，我們的村莊遭到六級多的地震，房屋結構也傾斜了，本來就很貧窮的我們，這下子更是一貧如洗了。當時正值冬天，我們家也面臨有史以來的寒冬。

當人走到絕境，上帝就會開一扇窗，天主教的神父及教友們捐給了我們八千元，這筆錢幾乎是我們家一年的收入，看到父母拿到這筆錢時的驚喜，我真不敢相信素不相識的陌生人願意不求回報地幫助我們。除此之外，我們只要望彌撒時，就可以領到牛油和一包麵粉。教會對我們的付出，是我從小到大從未嘗到的恩典。我還記得有一年的

聖誕節，教會提供了一個貨櫃的舊衣服，母親拿了一些長裙和毛織品的布料，改了三件毛褲給我穿，讓我過了一個暖冬。

以前我們村莊的居民大部分都篤信王爺，有疑難雜症都去廟裡找乩童解決的生活方式，不會想去信仰其他的宗教。直到當年乩童起乩開始講八卦、放流言，讓純樸的村民不喜歡再去廟裡，要不然以當時的風俗民情，其他宗教是很難打入傳統小村莊的。

在大地震過後的天主教教會對我們村民的協助很大，而且于斌樞機主教當時希望能夠把天主教傳播到許多鄉鎮，據說是特別寫信到羅馬請示教皇，允許我們居民信仰天主教，也尊重我們想要祭拜祖先、慎重追遠的心意，因此我從小學四年級開始接觸天主教。那一年我得了肝炎，每個禮拜都要打針，花了家裡不少錢，如果當年沒有教會

幫助我們度過難關，恐怕生活真的沒有退路了。後來，我在小學五年級時就受洗成為天主教徒，一直到現在。

我現在已屆耳順之年，經歷過人生的起起伏伏，我從人情冷暖體會百態、從街頭智慧學會生存，亦從投資生涯中參悟人生，雖然現在擁有了一些財富、掌聲和粉絲，我還是每天習慣在睡前完成一些事：整理當天交換的名片、做些註記；回想今天與人交談，有哪些對話不到位或不得體，下次還可以怎麼說更好；我今天賺了這筆錢，問心無愧嗎；還有，我還可以運用哪些方式，默默地幫助需要幫助的人？不論身為天主教徒，或是單純就身為一個「人」去檢討自己，整理之後就身心平靜、安然入睡。

或許你曾抱怨家庭環境或職場給你的還不夠，根本沒想到要付出。但是命運的安排是很神奇的，總會在山窮水盡時給你一條生路，要你去闖。《菜根譚》說：「撥開世

上塵氛，胸中自無火焰冰競；消卻心中鄙吝，眼前時有月到風來。」不管在你人生很順或很不順時，請記得偶爾的略施小惠，幫助需要幫助的人，這種力量會以不可思議的時機，在你的生命中綻放光彩。

Part 6

現在，就是人生的
轉折點

6-1
停止抱怨，先從失敗中學習

　　相信很多人聽過這個故事。從前有個號稱神射手的國王，帶著愛臣到森林打獵，突然看到了一頭獅子，國王立刻射了一槍，獅子倏地應聲倒下，國王毫無遲疑地衝去前看，沒想到氣若游絲的獅子死前咬了國王一口，他左手一根手指頭就這樣被咬掉了。國王又痛又氣，只好怪罪臣子居然沒有在這性命攸關的時刻先拉住他，很生氣地把他關進大牢，這一關竟關了一年。

　　喜愛打獵的國王照樣利用公暇狩獵，這回打獵時不幸遇到食人族，反被逮捕；食人族看到這個天上掉下來的禮物，開心地煮了一鍋湯，打算祭祀牲品，沒想到誦念祭語

時，發現國王少了一根手指頭。這還得了！把一個有殘缺的祭品拿來祭天，是會被天打雷劈的，食人族的領袖和族人立刻開會討論良久，終於忍痛把國王釋放了。

幸運逃過一劫，國王返國後的第一件事，就命令部下趕快釋放他的臣子。國王愧疚地對臣子說，「說起來我要感謝你，若當初我沒被獅子咬了這一口，恐怕我就得進了食人族的五臟廟了。」臣子趕緊磕頭說，「不不不，我才要感謝國王為了這件事關了我一年，要不然今天我跟你一起出門打獵，恐怕被吃的人，就輪到我了。」

這是一個在網路流傳很久的故事，和中國俗諺「塞翁失馬」的精神相通，它說明人世間的好事與壞事都不是絕對的，壞事可能引出好結果，好事也可能會引出壞的結果。人生不如意十之八九，如果在這八九的過程中，**你能看透其中塞翁失馬的意義，就能發現原來人生還有這麼多**

福份。但是要從中悟出道理的智慧，能有幾人？

演別人寫好的劇本，還是創造自己的劇本？

　　很多人會感嘆，「假如我生長在富豪之家」，或是「假如我娶了／嫁給高官或企業家的後代」，就能過很棒的生活。結果真能安逸快樂嗎？

　　我從小與貧窮為伍，在我成長的過程中，「變有錢」這件事已經內化到我的觀念、態度和生活習慣，即便是我現在能過著經濟寬裕的生活，但是勤快賺錢已然成為生活中保持動力的一部分。我年輕懵懂，也曾有過減少十年、二十年奮鬥的妄想，但隨著年紀增長，體會到原來「少年貧」真是一件好事，要是出身於一個經濟小康或者更富有的家庭，未必會讓我有這股持之以恆的動能，以工作和賺錢為樂，並在謀生過程中，嘗盡世間炎涼、體會人情冷

暖，曾經孤立無援、求助無門；也曾受貴人提攜、高人指點找到努力的方向。

此外，更因為從小體會到父母賺每一分錢的辛勞，身為長子的我跟父母的感情十分親密；每次聽到為了跟父母拿錢要生活費或買奢侈品而鬧出社會新聞的故事，我總是搖頭唏噓。所以，「少年貧」就像是一種生命的祝福。

如果當年我在東元電機，沒有因為個人股票失利而刻意把我從南部調到淡水工廠，我怎麼會認識當年的廠花、後來的憲嫂？這麼多年來，她陪我吃苦、相夫教子，把兩個孩子教育得知書達禮，給我一個溫暖的家。想到人生沒有這段曲折，還不知道有什麼緣份能相識她？上帝關了一扇門，又給了我一扇窗，讓我的人生風景美麗動人。

如果把生活中的「如果⋯」拿掉，回頭檢視人生：

改變不了的，從中瞭解因禍得福、塞翁失馬的道理，看看你人生中的缺憾能轉化成哪些意想不到的收穫；改變得了的，就靠自己力量盡快付諸行動，很多值得做的事，去做就對了，機會是不允許你有太多的猶豫。

近十年來，由於報章雜誌對有錢人的生活報導鉅細靡遺，對很多年輕朋友起了不良示範，甚至給了錯誤的觀念，讓我有些憂心。每個家庭之所以有錢，背後是有些經濟發展的脈絡——例如第一代政商關係良好、第二代投資買房、第三代品味生活，儼然成為富貴生活的具體表徵，每一代的金脈與人脈串連，加上媒體效應，使得這種「夢幻人生」的形象更牢不可破。

但是，其實這些**富貴人生，何嘗沒有殘缺？這種殘缺，亦是生命不可承受之重？**他們的無奈是無法說出口的，由於特殊身分使然，無法和其他人一樣，可以和一般

朋友在咖啡店大吐苦水，他們必須小心翼翼的跟很熟識的朋友傾吐，因為他們抱怨的內容可能牽扯家族紛爭，不容易被外界瞭解，更因為怕曝光，隨時被媒體拿來檢視與消費，所以每個人的外在言行，都被家族成員或企業高層關注著，他們不只代表是某某某，而是家業大樹下的形象之一。

再者，他們抱怨的內容，也不見得受到社會所能認同，因為只要一句「你都不愁吃穿，還想要含著金湯匙抱怨嗎？」恐怕一抱怨，就被網民酸到群起圍剿吧。人生並不是有錢有權就夠了，更多時刻是要一份成就感。外界只看到第二代、第三代在事業上呼風喚雨，但是他們在董事會中，還是要看父執輩的臉色，因為這個江山最初不是他打下的，而他所用的資源和享有的生活，也都是撿現成的，不管努力再多年，他依舊得在這個樹蔭下享受庇蔭，也得忍受無法擺脫「要不是有你父親／母親，也未必有今

天」。

除非，他真的完完全全斷絕家人的資源，出去租屋、排隊買雞腿便當、繳水電和網路費、自己修水管、幫別人打工來累積創業資金…，以人性的角度來看，終其一生放棄家業的紅利，去面對生存的真實面和人情冷暖，實在少之又少。雖然我們在財經新聞看到很多第二代獨立創業，但過了多年仍悄悄回到父執輩的家族資源工作，無人能真正評斷他的能力與本領，頂多是成功順利接班。當然，有更多年輕美眉以為嫁到這樣的豪門家族，就從此可以錦衣玉食過日子。對此我只想說，除非妳是極度溫柔體貼、百般順從、願意作沒有聲音的女人，否則早點死了這條心吧！

三星集團是韓國最大的家族集團，為何富可敵國的家族成員卻接二連三的尋短自殺？極度權貴的背後，往往是

一群人寫好的劇本，包括家族重要成員的規畫、政商企業結盟與聯姻合作，每一步棋不太容許太多空間出錯。在媒體的鎂光燈下，這些要角也不知不覺配合演出，為了別人的目光而存在，再辛苦也只能忍氣吞聲、再無意義也得像回事般完成使命。

這種壓力累積久了，會產生很大的精神負擔，就算花再多的錢也無法甩開金鎖鏈。因此有些企業家後代會說出，寧可希望自己的父親不是某某某，只是一般的父親的話語，的確是肺腑之痛。

但我們還是可找出一些例外。嘉義新港人、雲門舞集創辦人林懷民，父親是台灣解嚴前的重要政治人物林金生，林懷民卻沒有在父親的庇蔭下從政，四十年前一名男子以跳舞為事業是會跌破大家眼鏡，甚至到今日仍很少父母會接受的抉擇──以舞蹈為職志。由於林懷民靠自己和

舞團的力量，打造讓世界看見台灣的雲門舞集，已經沒什
麼人會拿他的父親來介紹他，因為林懷民早已經證明自己
了。

　　雖然林懷民創立雲門（特別是早期）始終要為舞團的
柴米油鹽而苦惱著，那種和理想搏鬥的煎熬，沒有足夠的
意志力是無法走到現在的，但也因為他堅持下去，他的成
就感卻是完整的。

人生就像茶葉蛋，有裂痕才入味

　　人生本是殘缺。看透了這點，你才能見著另一種完
美。

　　張忠謀先生說：每個人的生命，都被上蒼劃上了一道
缺口，你不想要它，它卻如影隨形。以前我也痛恨我人生

中的缺失，但現在我卻能寬心接受，因為我體認到生命的缺口，彷若我們背上的一根刺，時時提醒我們謙卑，要懂得憐恤。若沒有苦難，我們會驕傲，沒有滄桑，我們不會以同理心去安慰不幸的人。

我在演講中，最喜歡舉《紅樓夢》的例子，賈寶玉看盡了繁華如煙的笑夢人生，不乏曹雪芹自己人生戲劇性的轉折。這部中國經典能流傳久遠，正因為它把人生中殘缺的遺憾與無奈講得通透徹底，不管處於哪個人生階段讀來都雋永不已。

此外，我推薦大家多看動物頻道的電視節目，別小看節目內容是動物的生活百態，但其實萬物生存的道理都在其中；大自然之所以生生不息，正是因為每種動物都有不足之處，有的很會跑但不能飛；有的很會兩棲，但在兩種生態中都當不了霸主；還有的動物看似沒什麼優點，但因

為保護色很強，在弱肉強食的大自然總是能生存下來，壽命特別長。

　　如果接受人生中的不完美，願意靠自己的力量去做最大的改變，不論你選擇的是哪一種，只要曾經努力過，那就是一種圓滿了。如果你有足夠的智慧，你甚至會慶幸還好有這個不完美，讓你看見不凡的人生風景。

6-2
職業無貴賤，態度分輸贏

　　我因為工作上的需求，經常搭乘計程車。市區計程車到處都是，我發現平均三部計程車，只有一部及格：一部太髒太臭、一部司機安靜冷漠，一部司機會跟上車的乘客打招呼，聽清楚所交代的目的地，最後開心收錢，說謝謝你、下車請小心。

　　我認為第一種司機的健康觀念和衛生習慣有問題，每天在這麼狹小固定的空間工作十小時左右，怎麼不好好整頓清理？我萬一坐上這種車，寧可提早幾個路口下車「呼吸新鮮空氣」。至於第二種，不論乘客問什麼，司機頂多回答「嗯」、「知啦」、「沒法度」，甚至點點頭不答腔，

當作沒聽到，一副「你不坐我的車也無所謂」的樣子，我猜想他可能不喜歡這份工作，認為很無趣甚至低賤，這種為生活而工作的無奈心情，我曾感同身受、可以理解。

在我的觀念裡，**這世界上除了偷拐搶騙外，沒有一份工作是低賤的。**

年少的我也曾經被卡住，記得我十八歲在士林賣楊桃冰，是我第一次當老闆，當我要把攤車推出去的剎那，我記得我不敢抬著頭，只敢看著地面，因為我是攤販，不管我賺再多，註定隨時面臨被警察開單追趕跑跳碰，這種卑微的心情讓我不敢踏出。但是，一旦當我開始叫賣，客人漸漸多了起來，喝完楊桃汁臉上有解渴的滿足，內心的不安漸漸散去，盡量去「取悅客人，換到財富」，只要客人一杯接著一杯，我的自信就來了。

　　只要是路過的行人，我都會親切地對著他喊，「先生，來喝一杯清涼的楊桃冰喔。」也許第一次他不想喝，再下一次，我看到他繼續說，也許他對我這一攤就有印象了。我的經驗值是，幾乎是至少第三次，他不等我把話講完，就會自動靠過來喝一杯涼的再上路。所以，我很難理解，作生意時頂著一張鐵青的臉孔，嘴巴不甜又不懂禮貌的頭家，怎麼會有飯吃？

　　親切問候與微笑，是生活和職場的基本禮儀，然而，別說是攤販了，現代人連基本打招呼的禮貌都沒有了，公車、捷運、電梯間，每個人都低著頭專注的滑著手機，對身邊環境不聞不問。這也難怪人與人之間的摩擦變多，生意愈來愈不好作。別小看這些「小地方」的人情世故，它經常發揮不可思議的助益或殺傷力，甚至影響一生的命運。

麻雀不會變鳳凰，但鳳凰永遠都是鳳凰

再回到我所提到的第三種司機，這類司機至少肯定自己的工作。雖然我曾在網路上看到很厲害的司機先生，光靠開車就能賺到很多收入的案例，但直到偶然坐上這種司機的車，才開了眼界、豁然開朗！

有一回，我受裕隆汽車之邀到三義去演講，主辦單位派司機到家裡來接我，我一看是裕隆2000的車，說時遲那時快，司機先生從駕駛座走出來鞠躬招呼，熟練地幫我開車門，我發現他穿著西裝、戴著手套，全身上下乾淨有型，臉上始終掛著笑容。這種超乎預期的禮遇，的確有賓至如歸的感受。

一遇到投緣的司機，我很習慣跟他聊天，分享生活資訊或對公共議題的看法；我姑且稱這位先生為「A咖運

將」，我一邊喝著他準備在車上的礦泉水，一邊和他相談甚歡，得知他早年在松山機場排班計程車，因為會說一點日語加上服務好，很快就當上領班，更過了幾年，就有幾家企業陸續要跟他做外派的長期合作，甚至一天花四千元包他的車，也就是說，即便一天內企業只用到兩小時的車，還是要依天數支付給錢，而且他跟客戶的黏著率很高，甚至連續簽了好幾年的合約。A咖運將已經六十五歲了，有兩棟房子、兩部好車，兩個孩子也有很棒的工作，他開車純粹是閒不下來，以服務為樂，而且他的行情這麼好，怎麼想退休？

　　除企業長期合作外，A咖運將近年來經常承接日本和其他外國自由行客戶，每天會買一些當令水果請客人吃，參觀完一整天的行程後，會主動送對方兩個小時，看對方想去哪裡，例如帶他去做腳底按摩或去土產店購物，對方通常欣然接受，感覺賺到兩個小時了，想當然爾小費就多

了，下次再到台灣，肯定還要找他服務，甚至介紹朋友，口耳相傳、舊雨新知源源不絕。而A咖運將也會三不五時收到店家的回饋，因為他服務到位，加上瞭解客戶貪小便宜的人性，反而為自己加薪。這就是一種雙贏、甚至三贏的模式。

　　裕隆汽車與日產長期合作，常常載日產工程師到三義廠，每次7至14天，從早上8點出發，9點到三義下午5點接回台北，A咖運將就會繞到三義木雕街去轉轉，遇到客人買到沉甸甸的雕刻，他就載他們到車站，並利用空檔跟客人聊天，開拓更多客源。由於他生意太好，案子接不下來，於是組成A咖小車隊，把人脈留給自己、生意留給別人。你猜怎麼著，他平均月入至少二十萬元！

　　也許有些讀者認為，這是麻雀變鳳凰的故事，但我認為，這是一個「不管怎樣，鳳凰就是鳳凰」的故事。麻雀

終究是麻雀，如果一個人的態度很差，頂多從小麻雀變大麻雀，最後變老麻雀，永遠變不了鳳凰。鳳凰不管在哪個角色，就算虎落平陽，但是他的做人做事態度始終表現鳳凰之姿，只是等待機會嶄露而已。

做小旦ㄟ曉點胭脂，做乞食ㄟ曉揹茭芷

做什麼，就要像什麼。就算扮小旦也要會點胭脂，當乞丐也要準備工具。不論你從事哪一行，即便是受到社會尊敬的行業，但若濫用社會地位的優勢，仍會為他人所不齒。如果你的行業並不是特別稱頭，也別怨嘆失志，只要你是鳳凰，一定會有出人頭地、脫穎而出的一天。

以前在士林擺攤時，附近有個掛起「三代祖傳」賣香腸攤友，被附近攤販揶揄：「拜託！你祖傳三代也敢掛宣傳，不怕祖先笑你？都到了你第三代，還只是台攤車，還

不如不要說出來！」賣香腸沒什麼大不了，如果你只是麻雀，永遠是麻雀；像台南度小月擔仔麵，第一代擺攤販賣，第二代開行坐店，到第三代連鎖經營。鳳兮鳳兮非梧不棲，是鳳凰早晚飛上枝頭，光賣小籠包也能收攏國際老饕的胃，吸引國際美食媒體來採訪。

鼎泰豐曾是一家賣油兼賣小籠包的小店，但是老闆靠真材實料、標準化做到極致、寵客人也照顧員工的策略下，打造成跨足海外的連鎖餐廳，因為楊紀華董事長從做小籠包的第一天，就是道道地地的鳳凰了。

行行出狀元，乞討也有學問

有一次，我在市區騎樓看到一名年輕的女性乞討者，看起來斯文白淨，因為我剛好在等人，所以就在旁觀察她。沒一會兒，她突然看一下錶，拿出身後的紙筆，盤點

一下善心人士的捐獻後，記錄下來，收了一些錢放進口袋裡，我瞄了手錶發現剛好是整點。

突然間，我知道她在做什麼了！她在記錄每個小時的「生產力」，扣除她原本放在捐獻箱的「本金」，統計不同的時間能創造不同的經濟，甚至精算在這個區域乞討的投報率是否值得。過了一個禮拜後，我發現她已經不在附近乞討，想必是另尋藍海，到其他更有「錢途的市場」乞討，更或者她也找到自力更生的方式。我相信她只是暫時落難，有多少乞討者像她這樣有統計觀念，作為乞討策略的依據？她就是跟別人不一樣！

這個世界不會繞著我們打轉，不管是你主動或被動而選擇了目前的工作，不管遇到天大的挫折，就要甘心把這個角色扮演好，畢竟環境不會為你改變什麼，而你卻可以隨時調整心態，去面對一切。

我執，只會雪上加霜

與其成天抱怨周遭，何不照照鏡子，看看每天的你，是否面目可憎？一早坐電梯遇到人，閉緊嘴巴也不跟別人說哈囉、道早安？休息時間寧可滑3C，也不關心周遭的人？整天抱怨客戶和主管，沒想到自己其實是別人眼中的「媽寶員工」？就算你是乞討者，也該懂點禮貌，或是做些統計和評估吧！

心轉念轉命運就跟著轉變。你投胎到哪個家庭、拿到哪個文憑、擁有什麼工作，都無法保證你受人肯定和尊敬；只有你的態度和行為，才能真正證明你是怎樣的人。一念之差，只要你決心當鳳凰，就能贏在轉折點，讓我想起一個真實的故事。

一九九七年十二月，英國路透發出一張英國查爾斯王

子與一位街頭遊民合影的照片。這是一段驚異的相逢！原來，查爾斯王子在寒冷的冬天拜訪倫敦窮人時，意外遇見以前的足球球友。這位遊民克魯伯‧哈魯多說：「殿下，我們曾經就讀同一所學校。」王子反問，在什麼時候？他說，在山丘小屋的高等小學，兩人還曾經互相取笑彼此的大耳朵。

王子的同學淪落街頭，這是一段無奈的人生巧遇。曾經，克魯伯‧哈魯多出身於金融世家、就讀貴族學校，後來成為作家。老天爺送給他兩把金鑰匙──「家世」與「學歷」，讓他可以很快進入成功者俱樂部。但是，在兩度婚姻失敗後，克魯伯開始酗酒，於是逐漸把他從名作家推向街頭遊民。

所以，打敗克魯伯的是英國的不景氣嗎？不是，而是他的態度。從他放棄正面的「態度」那刻起，也輸掉了一生。

6-3
每個人最終得獨自面對人生

　　我們家還在用煤油燈時，晚上上廁所或外出時，只能右手提著煤油燈，左手護著燈怕被吹熄，孤單走在竹林的小徑，念小學的我，膽子小得很，小徑兩旁蛇鼠竄逃聲響，我怕得想趕快衝也不是、慢慢走也不是。尤其颱風期間風特別強，風聲在竹林間穿梭竄著，有如鬼哭神號般，風從牆腳縫隙中吹進來，煤油燈光搖搖曳曳，一明一滅，全家人依偎在一起，父母親整夜擔心！茅草屋頂是否頂的住？

　　當下我只知道，在一片漆黑的荒郊野外，一切只能靠自己走下去，沒有人能幫，偶而唱唱山歌壯壯膽，自己安

慰自己，自己鼓勵自己。走過人生數十載，才發現：人生
不論哪個階段，就像在黑夜的竹林中走著，總是有必須踽
踽獨行的時刻。就算你的人生經常有親友相陪、貴人相
助，但是很多關鍵時刻，還是得靠你自己去克服或承擔，
誰也無法代替。

獨自面對生活並不可怕

　　很多動物剛生出來，父母就要求牠們要靠自己的力量
才能存活。例如長頸鹿寶寶剛從母親的肚裡產出，身上還
裹著一層濕潤的透明包衣，母親就要求寶寶要在三分鐘內
掙脫包衣、學會獨自站起來，等到完全站立後，就跟著母
親和其他家族成員繼續走。倘若，長頸鹿寶寶無法在短時
間內奮力站起，長頸鹿家族不會因此幫牠站起來，而是遵
守物競天擇、自然淘汰、適者生存的常理，不得不拋下這
個新生長頸鹿，繼續著牠們的行程。

以人類的眼光來看，或許有些殘忍；但是在獅子、豹子環伺的非洲叢林裡，是大魚吃小魚、小魚吃麻蝦、麻蝦吃泥巴，是弱肉強食的動物叢林法則，動物界的生存之道，一定要自己夠強夠壯、長頸鹿的教子之道：以最快的速度站起來，多了仁慈反而剝奪存活的能力。相較之下，人類是比較進化的動物，很多父母卻過度保護孩子，於是孩子長大後到社會謀職困難重重，又因不懂事待在家裡還怪罪父母，成為惡性循環。

所以我經常和其他為人父母互相勉勵，就算我們想幫孩子鋪一條康莊大道，人生有很多情況是他必須獨自去走的路，包括惡劣的天候、崎嶇的路面、鬼哭神號的氣氛、惡人所設的陷阱…，**如果在成長的過程中，他沒有學習到生存的技巧，當他獨自面對這些挑戰時，所感受到的挫折感更深，更難在社會中立足，遑論去挑戰人生的轉折點？**

　　孩子在成長的過程中必須學會一個人，身為父母又何嘗不需面對一個人的生活？許多父母含辛茹苦把孩子拉拔長大，孩子離家住校唸書、離開家鄉到海外工作；孩子結婚生子，必須構築他的家庭生活，更難隨侍在父母身邊，即使是孝順的孩子也不易做到。

　　在現今的社會中，獨自面對生活的種種並不可怕，可怕的是我們沒有認清這件事實，學習好應有的生存技能，當必須獨自處理許多事情時，那種無助才可怕。試想，對於一個從小衣來伸手、飯來張口的孩子，當公司突然派給他一個專案執行，他要如何跟主管、客戶、供應商等打交道？如果他從小都不懂得應對進退、不會拜託別人幫忙、也不會控管時間和成本，這種挫敗感足以讓他萌生辭意；但是，這種挫敗感是父親可以代勞，到辦公室幫他解決嗎？就算有特殊關係解決一次，那麼第二次、第三次呢？

人生的轉折點，有時不是靠努力，而是須放下

但是，人生的轉折點，有時不光靠努力就可以。我經常跟好朋友開玩笑，人生唯一拿得起、放得下的只有筷子而已。親朋好友的愛恨情仇，功名利祿的光采與負擔，經常在「提起、放下」中徘徊，人要真的能瀟灑自如，就不是人而是神了。

我長年研究易經與紫微斗數，稍有心得跟大家分享。在職場上，主管和屬下要能夠互相搭配，才能處於權力穩定的狀態。在易經中的乾卦和坤卦適用於職場，正如太陽和月亮，彼此互補長存；三國時代的劉備就是乾卦，他這輩子有幸能遇到坤卦的諸葛亮；諸葛亮足智多謀，一輩子對劉備忠貞不二打下江山。劉備在與東吳的大戰失敗後，在白帝城病危，將諸葛亮招到白帝城，將兒子也就是後主劉禪託付給諸葛亮，並稱若劉禪無才，你就把他廢黜了，可以取而代之。

　　話說到這裡，想必很多年輕人料想，自己若處於那個情勢，必然會說，主子您放心，我一定會把蜀國治理得好好的。如果你這樣說，那就慘了！在那個年代，這樣說恐怕會被「計畫處理」的，因為劉備老謀深算，就算他再認同諸葛亮，聽起來怎麼會舒服呢？他這番話說得冠冕堂皇，其實是在試探諸葛亮的忠心！

　　諸葛亮何許人也，怎會不知道劉備弦外之音，諸葛亮磕頭如搗蒜、涕泗縱橫的說：「臣鞠躬盡瘁，死而後已。」他表明無意取而代之，願意輔佐劉禪，不想背上「不臣不忠不義」的罪名。劉備與諸葛亮是成功的乾坤配。另外曾經也是成功的乾坤配是乾隆與和珅。可惜和珅就沒那麼有智慧了，嘉慶四年正月初三日，乾隆逝世，初八日，嘉慶皇帝以迅雷不及掩耳的速度法辦和珅，抄沒家產，下獄問罪。當坤卦有僭越之心不安於命時，就應了坤卦上六爻：「龍戰于野，其血玄黃」。嘉慶是受不了他功

高震主，終於找到一個機會把和珅給「解決」了！人就是要認份，逾越份際，輕者丟掉工作，重則招災惹禍，不論在家裡，或在職場上都要時時自我警惕。

功名利祿或許還好釋懷，最令人糾葛折磨的，莫過於親人之間的人性考驗了，每每在社會新聞看到父子反目、兄弟鬩牆、夫妻離異，而導致的社會案件，不禁讓人唏噓。每則新聞報導只寫了一小部分的事發經過，但過去的親情糾葛與爭吵，其中痛苦難為外人所了解，會走到最後一步，實為家庭悲劇。

很多家庭難免有兄弟姐妹跟父母爭寵，偏偏有的父母毫無遮掩地喜歡比較、忽視孩子的感受，讓兄弟姐妹之間產生「既生瑜、何生亮」的情結，不論父母所持（寵愛）的理由是什麼，似乎無法說服自己受傷的心。例如：

明明我是最努力、在父母身邊最悉心照顧的，為什麼父母特別疼愛那個一天到晚惹事的哥哥？只不過收入比較多，但從不拿錢回家貢獻的姐姐？或是三年才回國看一次父母，還對照顧父母方式很有意見的妹妹？

又或者，很多父子感情深厚，但一遇到工作上的發展，卻把對方當成假想敵，上一代說「還是老子有辦法，你還得學著點。」或這一代說「這是我世代的舞台，你趕快交棒吧。」這種父子較勁的情結仍時有所聞，明明都很愛對方，卻得要一直挑戰對方，不禁讓人感嘆，親情真是世間最矛盾的情感了。

有血緣關係的就如此糾葛，更別談從婚姻中磨合的夫妻、婆媳、妯娌、姑嫂等關係的相處，那真是說也說不完的。**家，是人生千關萬度的結**，就算事業再大、家世再好，困在死結走不出來、充滿了怨念的人大有人在，而且

自認付出愈多的人，更容易受傷和被情緒卡住。

對此，我只能跟大家分享，很多家裡的問題經常無藥方可解，因為牽扯的親情太沉重，所以**當你準備付出，就代表準備犧牲**，不要期待像你在學校成績、在職場發展有耕耘必有收穫或寵愛，太在乎結果的人，往往得不到結果。

請記得施惠勿念，受恩莫忘。**人生有很多部份是他人無法評價的，而且這個「他人」很有可能是親人**，如果你為家人付出過，就為自己鼓鼓掌吧，何必在意「他人」評價你是好兒子還是壞兒子，是好哥哥還是壞哥哥？我經常遇到朋友或聽眾在這個沉重的人生課題上，訴說多年來的委屈甚至屈辱，我會以這些古人的智慧來分享，給予鼓勵與安慰：《菜根譚》有云：「父慈子孝、兄友弟恭，縱做到極處，俱是合當如是，著不得一毫感激的念頭。如施者任德，受者懷恩，便是路人，便成市道矣。」台灣諺語也

有許多警世良言：

　　姐妹本是連理枝，打虎捉賊親兄弟。前世相欠債，這世作夫妻。

　　父母恩深終有別，夫妻義重亦分離。人生似鳥同林宿，大限來時各自飛。

　　金亦空銀亦空，死後何曾在手中。妻亦空子亦空，黃泉路上不相逢。

　　在本書接近結尾時，剛好遇到台灣第一樁「鄭捷北捷殺人事件」，鄭捷會變成殺人不眨眼的惡魔，其中包含家庭因素、學校因素、社會因素、人格特質等複雜因素在內，今天只探討關於家庭因素方面，現在很多家庭父母雙薪，為家庭、子女無怨無悔付出，但在追求名利當下，是

否忽略了孩子的人格養成，很多人功成名就之後，才驚覺原來孩子早已長大成人，孩子成長過程對父母來講竟然是一片空白，父親或母親的角色缺席了。賺到了全世界，卻失掉一個兒子值得嗎？值得為人父母者深省。

說了這些，並不是要各位抱持消極的態度，而是希望年輕朋友對人生能有更多面向來看待人生的挫折，甚至是苦難。我們這輩子有幸輪迴作為一個人，代表我們有較高的智慧，用信仰撫慰人生的缺口，這個信仰可以是助人為善的宗教信仰，或是個人經過歷練獲得的價值觀，如果你都做到了，那就一切盡心盡力，結果交給上帝，命中有的終須有，命中沒的莫強求。得之我幸，不得我命。

《菜根譚》說：「石火光中，爭長競短，幾何光陰？蝸牛角上，較雌論雄，許大世界？此心常看得圓滿，天下自無缺陷之世界；此心常放得寬平，天下自無險側之人情。」

世事如此、人生亦是如此，莫奢望、莫強求，心中無愧才是王道。

後知後覺，轉念海闊天空

跟大家透露一件事，在我主持「現在才知道」這個節目之前，我們節目團隊一直想不出來要用什麼節目名稱，才能符合的節目宗旨。某一天，跟東森陳總經理開會，陳總分享一段資訊：「現在才知道，人生有百分之七十的東西，這輩子都用不到」，與會的張致平台長，接口說節目名稱就用：現在才知道。可以說，踏破鐵鞋無覓處，得來全不費功夫。

這裡所謂的東西包括資產，例如我們一輩子賺到的財富，大約有百分之七十都變成了稅務、遺產、充公等，自己其實來不及花到就掛點了；當然，百分之七十所買的衣

服和鞋子，都沒有穿到幾次就長霉或穿不下了；百分之七十的小家電如果汁機、烤麵包機，每年才用幾次，或終年放在貯藏室，都沒機會用到就壽終正寢。

別忘了走過了這段黑夜漫漫，那一頭還有鳥語花香、山明水秀等著你，少一點自卑自憐，趕快把握時間享受那大部份人都遺忘的百分之七十吧。當大部分的人還困在負面的情緒，抱怨輸在起跑點時，你的輕舟已過萬重山，贏在轉折點。

很多的人生智慧，我也是後知後覺，不經一事、不長一智才知道的，再加上一路上有很多親朋好友、粉絲貴人，還有在演講中相遇的朋友，分享給我經驗與故事，更獲得許多印證。也許，你會覺得人生正走在最低潮，請記得很多人都跟你一樣，在寒風中護著煤油燈，在黑夜中踽踽獨行，大家都是這樣走過來的！請記得，你並不孤獨！

國家圖書館出版品預行編目（CIP）資料

輸在起跑點，贏在轉折點／賴憲政作. -- 初版. --
臺北市：商周出版：城邦文化發行, 2014.06
面；　公分
ISBN 978-986-272-608-2（平裝）

1.成功法　2.自我實現

177.2　　　　　　　　　　　　　103010016

BO0206

輸在起跑點，贏在轉折點：
股市憲哥的翻轉人生

作　　　者／賴憲政
責 任 編 輯／簡伯儒
文 字 整 理／許立佳、賴謙誠
版　　　權／黃淑敏
行 銷 業 務／周佑潔、張倚禎、黃崇華

總 編 輯／陳美靜
總 經 理／彭之琬
發 行 人／何飛鵬
法 律 顧 問／台英國際商務法律事務所　羅明通律師
出　　　版／商周出版
　　　　　　臺北市104民生東路二段141號9樓
　　　　　　電話：(02) 2500-7008　傳真：(02) 2500-7759
　　　　　　E-mail: bwp.service @ cite.com.tw
發　　　行／英屬蓋曼群島商家庭傳媒股份有限公司　城邦分公司
　　　　　　臺北市104民生東路二段141號2樓
　　　　　　讀者服務專線：0800-020-299　24小時傳真服務：(02) 2517-0999
　　　　　　讀者服務信箱E-mail: cs@cite.com.tw
　　　　　　劃撥帳號：19833503　戶名：英屬蓋曼群島商家庭傳媒股份有限公司城邦分公司
訂 購 服 務／書虫股份有限公司客服專線：(02) 2500-7718；2500-7719
　　　　　　服務時間：週一至週五上午09:30-12:00；下午13:30-17:00
　　　　　　24小時傳真專線：(02) 2500-1990；2500-1991
　　　　　　劃撥帳號：19863813　戶名：書虫股份有限公司
　　　　　　E-mail: service@readingclub.com.tw
香港發行所／城邦（香港）出版集團有限公司
　　　　　　香港灣仔駱克道193號東超商業中心1樓
　　　　　　E-mail: hkcite@biznetvigator.com
　　　　　　電話：(852) 25086231　傳真：(852) 25789337
馬新發行所／城邦（馬新）出版集團
　　　　　　Cite (M) Sdn. Bhd.
　　　　　　41, Jalan Radin Anum, Bandar Baru Sri Petaling, 57000 Kuala Lumpur, Malaysia.
　　　　　　電話：(603) 9057-8822　傳真：(603) 9057-6622　E-mail: cite@cite.com.my

封面設計／廖勁智
印　　　刷／韋懋實業股份有限公司
總 經 銷／高見文化行銷股份有限公司　　新北市樹林區佳園路二段70-1號
　　　　　　電話：(02) 2668-9005　傳真：(02) 2668-9790　客服專線：0800-055-365
行政院新聞局北市業字第913號

■2014年6月10日初版1刷　　　　　　　　　　　　　Printed in Taiwan

城邦讀書花園
www.cite.com.tw

104 台北市民生東路二段141號2樓
英屬蓋曼群島商家庭傳媒股份有限公司
城邦分公司　收

請沿虛線對摺，謝謝！

書號：BO0206　書名：輸在起跑點，贏在轉折點：股市憲哥的翻轉人生

 商周出版

讀者回函卡

感謝您購買我們出版的書籍！請費心填寫此回函卡，我們將不定期寄上城邦集團最新的出版訊息。

不定期好禮相贈
立即加入：商周
Facebook 粉絲團

姓名：＿＿＿＿＿＿＿＿＿＿＿＿＿＿＿＿＿ 性別：□男 □女

生日：西元＿＿＿＿＿＿年＿＿＿＿月＿＿＿＿日

地址：＿＿＿＿＿＿＿＿＿＿＿＿＿＿＿＿＿＿＿

聯絡電話：＿＿＿＿＿＿＿＿ 傳真：＿＿＿＿＿＿＿

E-mail：

學歷：□ 1. 小學 □ 2. 國中 □ 3. 高中 □ 4. 大學 □ 5. 研究所以上

職業：□ 1. 學生 □ 2. 軍公教 □ 3. 服務 □ 4. 金融 □ 5. 製造 □ 6. 資訊

　　　□ 7. 傳播 □ 8. 自由業 □ 9. 農漁牧 □ 10. 家管 □ 11. 退休

　　　□ 12. 其他＿＿＿＿＿＿＿＿＿＿＿＿＿＿＿

您從何種方式得知本書消息？

　　　□ 1. 書店 □ 2. 網路 □ 3. 報紙 □ 4. 雜誌 □ 5. 廣播 □ 6. 電視

　　　□ 7. 親友推薦 □ 8. 其他＿＿＿＿＿＿＿＿＿

您通常以何種方式購書？

　　　□ 1. 書店 □ 2. 網路 □ 3. 傳真訂購 □ 4. 郵局劃撥 □ 5. 其他＿＿＿

您喜歡閱讀那些類別的書籍？

　　　□ 1. 財經商業 □ 2. 自然科學 □ 3. 歷史 □ 4. 法律 □ 5. 文學

　　　□ 6. 休閒旅遊 □ 7. 小說 □ 8. 人物傳記 □ 9. 生活、勵志 □ 10. 其他

對我們的建議：＿＿＿＿＿＿＿＿＿＿＿＿＿＿＿＿＿

＿＿＿＿＿＿＿＿＿＿＿＿＿＿＿＿＿＿＿＿＿＿＿

＿＿＿＿＿＿＿＿＿＿＿＿＿＿＿＿＿＿＿＿＿＿＿